藤本勇二

全国学校給食協会

はじめに

　学校の現場では若い先生が増えています。そして若い先生が戸惑っています。
　一方で私が小学校教諭から大学勤務に移ってわかったことがあります。学生は学級経営や給食指導について学ぶ時間が全くと言っていいほどないのです。特に給食指導は、学級づくりにおいて大変重要な位置を占めています。また、"食"は教材として大変魅力的です。子どもの活動を引き出し、意欲を高めることができるので、授業の上達にはもってこいです。しかし、若い先生の授業づくりを支援できる食の教材を生かした授業づくりについて、大学で学ぶ機会がないという実情があるのです。
　若い先生の問題だけではありません。「食育」と言うと「新しいことを始めなければいけない」「特別なことをやらなければいけない」という負担感が先に出てきます。食育に対する抵抗感が現場には多くあるのです。
　こうして見てみると、食の授業の可能性や必要感と、現実の食育の実情との差が大きいことがよくわかります。この溝は子どもたちにとって好ましいことではありません。
　私は学級担任として授業をしてきました。決して食育をすることを目的にしてやってきたのではありませんが、食を教材にし、食に関わる人とつながり、食の内容を扱うことで、子どもの学びが深く、豊かになっていきました。結果として確かに学ぶ食育が実現されてきたと考えています。
　この、"確かに学ぶ食育"の授業をどうつくるか、食育の実践で困っている先生に、また食育の可能性にまだ気づかれていない先生に伝えたいと思いました。授業の仕方を伝えることは一般的に難しいと言われます。教師が教室で子どもたちとつくる授業は、個別で特殊な事例となることが多く、一般化することが困難なことがその背景にあります。一般化しなければ、人に伝えることがうまくできないのに、授業自体は特殊なものなのです。
　ところが、食の教材は、一般と特殊の両面を持ち合わせています。食は身近であり、誰もが知っている部分があるという一般性と、その一方で、その地域固有の食材や調理法など地域の特性の要素も持ち合わせています。特殊でありながら一般化できる食の教材は授業の方法を伝えにくくしている要因を取り除くことができるのです。
　そこで、授業の進め方において、この一般と特殊を備え合わせている方法として、"ワークショップ"を用いることにしました。授業の進め方は、先生の力量や個人の能力による部分が多く、多くの先生に伝えることが難しいのですが、ワークショップを取り入れることで、特殊でありながら一般化できる手立てを手に入れることができると考えています。
　本書で取り上げる事例は、教室での事実に基づいています。本書のワークショップの手法が、どの教室でも子どもたちの確かな学びを支えることができると信じています。

平成24年7月
著者

もくじ

はじめに	02
実践教科別さくいん	07
食育をうまく進めるために	08
ワークショップのアイデア活用法	20
ワークショップのアイデア	21

あそび
あそびの要素を取り入れたワークショップ

ゲーム ……………………………… 22
[「私は何の野菜?」ゲーム／5年生学級活動]

対抗戦 ……………………………… 24
[野菜のカードを作ろう／6年生学級活動]
[おにぎりの具を考えよう／6年生家庭科]

色塗り ……………………………… 26
[わけあって入っています／4年生学級活動]

クイズ ……………………………… 28
[日本人は何を食べてきたのか／6年生社会科]

推理する …………………………… 30
[「食品を推理せよ!」ゲーム／6年生家庭科]

指令書 ……………………………… 32
[野菜のスイーツを作ろう／4年生総合的な学習の時間　ほか]

つくる
作る・調理するなどの作業を取り入れたワークショップ

つくる ……… 34
[すいとんを作ろう／6年生社会科]

マップ作り ……… 36
[チラシでつくる世界地図／6年生社会科]

カード作り ……… 38
[野菜のカードを作ろう／6年生学級活動]

さいばい ……… 40
[野菜のリサイクル／5年生家庭科]

名づける ……… 42
[秋の定食を作ろう／6年生家庭科]　[地産地消うどんを作ろう／6年生家庭科・社会科]

しらべる
調べることを重点的に取り入れたワークショップ

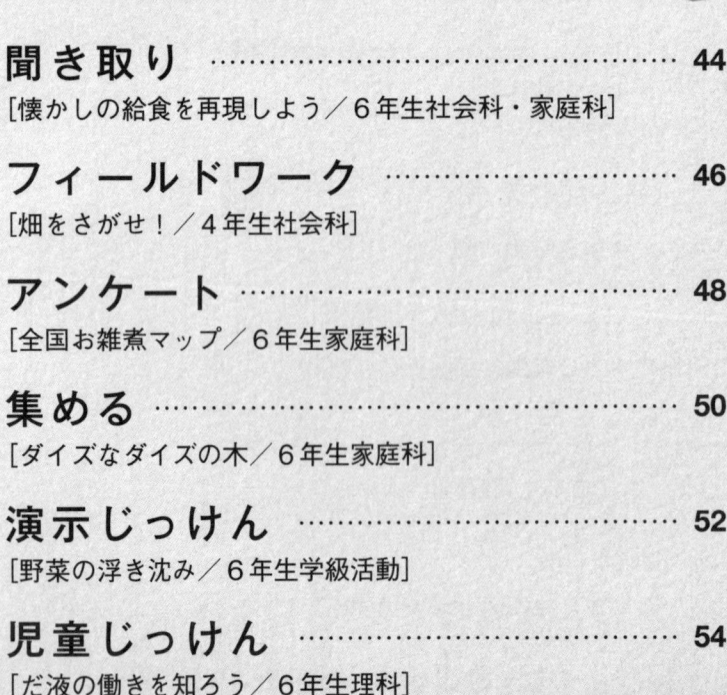

聞き取り ……… 44
[懐かしの給食を再現しよう／6年生社会科・家庭科]

フィールドワーク ……… 46
[畑をさがせ！／4年生社会科]

アンケート ……… 48
[全国お雑煮マップ／6年生家庭科]

集める ……… 50
[ダイズなダイズの木／6年生家庭科]

演示じっけん ……… 52
[野菜の浮き沈み／6年生学級活動]

児童じっけん ……… 54
[だ液の働きを知ろう／6年生理科]

くらべる

何かを比較して考えていくワークショップ

比べる …………………………… 56
[パッケージを比べよう／6年生社会科]

世界の○○ …………………………… 58
[世界のお好み焼き／6年生社会科]

テイスティング …………………………… 60
[お米を食べ比べよう／6年生社会科]

ものさしづくり …………………………… 62
[地産地消うどんを作ろう／6年生家庭科・社会科]

ビフォー・アフター …………………………… 64
[環境に優しい調理をしよう／6年生家庭科・理科]

きづく

気づきを大切にしたワークショップ

いつつ見つける …………………………… 66
[台所のいま・むかし／3年生社会科]

○○と言えば …………………………… 68
[カレーのふるさと／6年生社会科]

グラフを読む …………………………… 70
[海を渡るかぼちゃ／6年生社会科]

フォトランゲージ …………………………… 72
[世界のすし／6年生社会科]

イメージする …………………………… 74
[食感の言葉／6年生国語]

もしも …………………………… 76
[非常食の条件／6年生理科]

きづく

だんだん …… 78
[箸を正しく持とう／4年生学級活動]

もとたどり …… 80
[みそ汁のもとをたどろう／6年生家庭科]

ブレスト …… 82
[おにぎりのパッケージを考えよう／6年生家庭科]

まとめる
まとめていく作業を中心にしたワークショップ

グルーピング …… 84
[調理の言葉／6年生国語]

ことばまっぷ …… 86
[蒸すってなあに／4年生国語]

ダイヤモンドランキング …… 88
[冷蔵庫のおやくそく／6年生理科]

ポスターセッション …… 90
[日本人は何を食べてきたのか／6年生社会科]

コンテスト …… 92
[至高の朝食／6年生家庭科]

ワークショップの道具箱さくいん …… 94
おわりに …… 95

実践教科別さくいん

本書で紹介しているワークショップの実践事例と題材を教科別に一覧にしました。

学級活動
- 4年生／おせち料理［色塗り］……………… 26
- 4年生／箸の持ち方［だんだん］…………… 78
- 5年生／野菜［ゲーム］……………………… 22
- 6年生／野菜［対抗戦］……………………… 24
  - ［カード作り］………………… 38
  - ［演示じっけん］……………… 52

国語
- 4年生／蒸す［ことばまっぷ］……………… 86
- 6年生／食感の言葉［イメージする］……… 74
- 6年生／調理の言葉［グルーピング］……… 84

理科
- 6年生／消化と吸収［児童じっけん］……… 54
- 6年生／ヒトと環境
  - ［ビフォー・アフター］……… 64
  - ［ダイヤモンドランキング］… 88
- 6年生／大地の変化［もしも］……………… 76

家庭科
- 5年生／野菜のリサイクル［さいばい］…… 40
- 6年生／おにぎり［対抗戦］………………… 25
- 6年生／食品表示［推理する］……………… 30
  - ［ブレスト］…………………… 82
- 6年生／計画的な食事作り［名づける］…… 42
- 6年生／うどん作り［名づける］…………… 43
  - ［ものさしづくり］…………… 62
- 6年生／バランスのよい食事［聞き取り］… 44
- 6年生／伝統食［アンケート］……………… 48
- 6年生／ご飯とみそ汁［集める］…………… 50
- 6年生／近隣の人たちとの暮らし
  - ［ビフォー・アフター］……… 64
- 6年生／みそ汁［もとたどり］……………… 80
- 6年生／調理の工夫［コンテスト］………… 92

社会科
- 3年生／台所のいま・むかし
  - ［いつつ見つける］…………… 66
- 4年生／地図［フィールドワーク］………… 46
- 6年生／日本の歴史［クイズ］……………… 28
  - ［○○と言えば］……………… 68
  - ［ポスターセッション］……… 90
- 6年生／江戸時代の海運［比べる］………… 56
- 6年生／戦争［つくる］……………………… 34
- 6年生／戦後の日本［聞き取り］…………… 44
- 6年生／地産地消［名づける］……………… 43
  - ［ものさしづくり］…………… 62
- 6年生／日本と関係の深い国々
  - ［マップ作り］………………… 36
  - ［テイスティング］…………… 60
  - ［グラフを読む］……………… 70
  - ［フォトランゲージ］………… 72
- 6年生／世界の食文化［世界の○○］……… 58

総合的な学習の時間
- 4年生／野菜［指令書］……………………… 32

1　食を自分ごとにする

> **キーワード1**
> 自分で問いを持ち，自分で解決をしていくという問題解決を食育の中に取り入れる

　食育には，大きな期待が寄せられている。しかしながら，現状では，
「残さずに食べなさい」
のように，しつけに偏った指導になりがちである。
　あるいは，
「○○を食べないとこんな怖いことになる」
と子どもたちを一面的な情報で脅したり，すかしたりしながら，食習慣の改善に追い込むような指導も目立つ。
　食育は知識の伝達やしつけだけでは成り立たない。食べることに関心を持たせ，楽しみながら，"自分ごと"にしていく手立てが必要となる。栄養学的な知識も必要ではあるが，食にまつわるさまざまなことへ興味や関心を持つこと，そこから始まるのである。
　食は子どもたちにとっては日常であり，具体的なことである。誰もが程度の差こそあれ，食に関わって話すことができる。
　また食に関わる体験は多様であり，一人ひとりがそれぞれ異なる経験・知識・意見などを持っている。この「ちがうこと」を尊重し，対話を通して，相互の学び合いを促進していきたい。
　食育の取り組みを整理すると，3つのアプローチがあると，上智大学の奈須正裕氏は指摘している。

①知識の教授や体験の提供
　知識の教授や体験の提供は大切だが，生活実践にまで届かないことが多い。
→つまり，わかっているけどできないことがある。

②しつけによる行動調整
　しつけは重要であるが，想定外の事態に応用が利かないことがある。唯一絶対の「正しい食生活」があるのだろうかと問いたい。
→また，しばしば"先生に叱られるから食べる"という現象も起きる可能性がある。

③自分から発した切実な活動
　自分から発した主体的で切実な活動は，自分ごととなり，問いが生まれる。
→このアプローチを大切にしたい。

　食育は生活の問題である。「わかっているけれどやめられない」「わかっていてもできない」，これを変えていかなければいけない。そのためには，**自分で考え，自分で問いを持ち，自分で解決をしていくという問題解決を食育の中に取り入れていくことが必須である**。問題解決に取り組むことで自分ごととなり，子どもは自分の関心やこれまでの体験を総動員して食に対する向かい方を問い直していくのである。

2 食育の授業の課題

食育の授業を見させていただくと次のような場面によく出合う。

（1）まばたきもできない授業
例えは大げさかもしれないが，目をつぶっている間に黒板の様子が変わっている授業を指している。黒板に絵を入れ，資料を貼り続けている授業である。どんどん目の前の映像が変化している。

（2）息をもつかせぬ授業
発問するやいなや次の指示を行い，発言がないと説明をかぶせていく。子どもの視線が先生に集中しっ放し。授業者も子どもの視線をずっと浴びっ放し。

（3）栄養教諭がとどめを刺す授業
「わかりましたね，実は○○なんですよ」と水戸黄門の印籠のごとく先生が持っている答えを示して授業が終わる。栄養教諭の専門性を授業のまとめにだけ使ってしまう。

こうした授業に共通することは，子どもにとって「自分ごとになっていない」ことである。子どもの活動がなくなってしまっているために，子どもの経験や気づきが授業に現れてこない。

「なるほど，そうか，わかった」と"わかったつもり"，"できる予定"で授業が終わるために，生活は変わらない。これでは確かに学ぶ食育にはなっていかない。

こういう授業から抜け出すために，ワークショップ型で授業をつくってみることを提案する。そこから，**子どもの活動をつくることができれば，先に示した3つの授業から脱却できる。**

さらに，授業者のゆとりが生まれ，子どもの声を聞くことができる。子どもの声を聞くことが授業に深みをもたらしてくれるのである。

キーワード2

× まばたきもできない授業
× 息をもつかせぬ授業
× 栄養教諭がとどめを刺す授業

子どもの経験や気づきが現れてくる，子どもの活動をつくる授業へ

3 ワークショップ型の食育の提案

キーワード3

子どもの活動を足場に問いが生まれ，学びが連続する

ワークショップ型の授業では，子どもの活動の時間を保障する。そこから子どもの問いを引き出すことが可能となる。

一つの例を挙げる。6年生の家庭科で，食品表示を取り上げた『食品を推理せよ！』ゲーム（30p）の実践である。

原材料名を挙げて，それをヒントに食品を当てる活動である。

以下，①〜⑤の食品は何だろう？

---

①「大豆，凝固剤（塩化マグネシウム），消泡剤」
②「小麦粉，卵，砂糖，水飴(あめ)，着色料（βカロテン）」
③「白飯，カツオ，のり，アミノ酸，pH調整剤，ソルビット」
④「小麦粉，植物油脂，でんぷん，食塩，しょうゆ，肉エキス，カツオエキス，卵，香辛料，鶏肉，にんじん」
⑤「砂糖，果糖，ゼラチン，でんぷん，ゲル化剤，酸味料，香料，着色料（カロテン），バナナ濃縮果汁」

答えは…①豆腐②カステラ③おにぎり④カップ麺⑤キャンディ

この活動を通じて，
「ソルビットって何だ？」
「アミノ酸ってコマーシャルでよく出てくるよ」

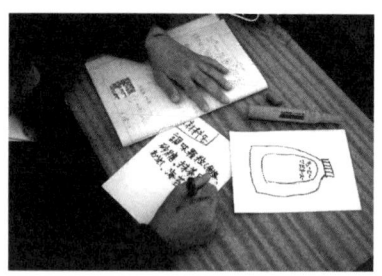

食品添加物を書き出し友達同士で推理ゲームが始まる

「おにぎりに何で入っているんだろうか」
「そんなにいろいろなものが入っていていいの？」
「わからないものが入っているけどいいのかな」
といった疑問が子どもたちの口から出てくる。こうした問いは，食品添加物の授業で気づかせたい内容である。

一般的な授業では，食品添加物には，どんなものがあるか，着色料や保存料とは…というアプローチが行われる。それと比べて，このクイズを取り入れた活動では，子どもの活動を足場にして問いが出てくる。

栄養教諭の先生に添加物のことを進んで聞こうという動きが生まれ，子どもに関心を持たせていくことができる。また，この活動の後，「自分たちもやってみたい」と言い出す。

表に食品の絵を描き，裏には原材料名を記入した食品の原材料表示カードを自分たちで作り，友達と交換して原材料名から食品を当てる活動が始まるのである。

6年生の家庭科に食品推理ゲームを取り入れると，**学習指導要領の内容に相当することが子どもの言葉として引き出されて共有化され追究が深まり，連続するのである。**

4　ワークショップ型の授業のよさ

　ワークショップ型の授業のよさを少し整理しておこう。

(1) 子どもの活動をつくる
　子どもに活動してもらう時間をつくることで，先生に余裕が生まれる。
→子どもの声に耳を傾けることができるようになる。

(2) 子どもの経験が活きる
　一人ひとりの固有の経験や知識が授業の中で活かされる。
→授業への参画意識が高まり，満足感や達成感が生まれる。

(3) 子どもの問いを引き出す
　なぜだろう，どうしてかな，やってみたいという思いが活動を通じて表面化する。
→子どもの問いを引き出すことができる。

(4) 子どもの追究が連続する
　新しい発見は新たな問いを生む。授業時間を離れても学び続ける。

→栄養教諭がとどめを刺さなくても済む。子どもの問いに応えることで，栄養教諭の専門性を発揮することができる。

(5) 発問の苦労から抜け出せる
　授業者が発問に苦しむよりも，ワークショップの運営に重点を置くことができる。
→ワークショップの技法の管理の方が発問を考えるよりも楽である。

(6) 応用が利く
　ワークショップで取り上げる技法は，取り上げる教科・領域，目標や内容に応じてアレンジ可能である。
→応用が利くため，食育の授業の応用がしやすい。

(7) 食育になじみやすい
　食の日常性，具体性によって，ワークショップに取り組みやすくなる。
→誰でもが発言することができる。

キーワード4

授業でのゆとりが生まれ，子どもの声を聞くことができる

5 手法の例と授業例

ワークショップをつくる際に，時間配分や活動に要する時間も重要なポイントである。短期（1時間）で取り入れた場合と，長い単元で取り入れた場合の実践例について，流れ・展開・大まかな時間配分をここで整理してみたい。

手法1　ダイヤモンドランキング
［本文88p］

9つの選択肢をダイヤモンドの形になるように5段階に並べる。大切だと考えるものから順位をつけることで，考えを整理したり，深めたりする手法。

お互いの意見の違いを認め共有しながら作業を進め，まとめていくことの楽しさを実感することができる。

実践事例

冷蔵庫のおやくそく（1時間）
6年生理科「ヒトと環境」

冷蔵庫の中には本来は冷蔵しなくてよいものがたくさんしまわれている。常温保存できる野菜を通して冷蔵庫の使い方を見直すきっかけとなるよう取り上げる。

進め方

（1）テーマや選択肢について説明する。
①教師が発表する食べ物を代表者が付せんに書く。　　　　　　　　　　　　［5分］
②ルールを説明する。　　　　　　　　［5分］
（2）グループで話し合い，9つの食べ物の中で冷蔵庫に入れる優先順位が高い順にダイヤモンドの形に並べる。

①冷蔵庫に入れるとよいものと，入れなくてよいものに分けて並べる。　　［15分］

▶冷蔵庫に入れる優先順位をダイヤモンド形に並べる

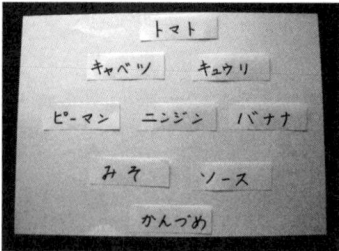

②並べた理由を発表する。　　　　　　［10分］
（3）活動について振り返る。

正解を発表し，「冷蔵庫をスッキリさせると，どんなよいことがあると思う？」について話し合う。　　　　　　　　　　　　［10分］

手法2　色塗り
［本文26p］

色を塗る作業は簡単で，活動しながら子どもたちは自分の経験や疑問を語り出し始める。食材や料理に対する関心が高まり，知りたいことがはっきりしてくる。また，食材や料理の色の価値や盛り付けの大切さにも目を向けることができる。

実践事例

わけあって入っています（1時間）
4年生学級活動

おせち料理の絵が描かれた白黒の紙に色を塗ることで，おせち料理に使われている食材の種類や色，そこに込められている願いやいわれについても学ぶ実践。

進め方

（1）色塗りで取り上げる食材や料理について

話題にする。
①お正月に食べるものについて話し合う。
　　　　　　　　　　　　　　　　［5分］
②おせちには何が入っているか考える。
　　　　　　　　　　　　　　　　［5分］
（2）下絵を渡す。
　おせち料理の絵が描かれた白黒の下絵を渡してどんな色を塗るか話し合う。［5分］
（3）見本や実物を見ながら色を塗る。
　カラーのおせち料理の絵を配り，見ながら色を塗る。　　　　　　　　［15分］

▶カラーの見本を見ながら色を塗る

（4）気づいたことや疑問について話し合う。
①いわれを考える。　　　　　　　［10分］
②おせち料理に込められた願いやいわれを知る。　　　　　　　　　　　［5分］

手法3　グルーピング
［本文84p］

　グループのメンバーの一人ひとりの発見や気づきをカードに書き，カードをグループ化していくという方法でまとめていく。出されたたくさんの意見やアイデアをまとめていくことで，新しい気づきが生まれる手法。

実践事例

調理の言葉（3時間）6年生国語
　家庭科での調理実習をもとに，調理の言葉を取材してまとめる学習。調理に関係する言葉を集めて言葉の世界を調べる国語の学習を取り上げる。

進め方

（1）テーマについて考えたことや調べたことをカード（付せん）に書き出す。
①調理に使う言葉を集める。　　　［10分］
②見つけた言葉を付せんに書く。　［10分］
（2）集まったカードを分類する。
　同じカードは重ねて貼る。同じような内容のカードはまとめてグループをつくり，言葉の仲間分けをする。　　　　　［20分］
（3）全体を表す言葉を見つける。
　グループができたらそのグループ全体を表す言葉を見つける。　　　　　［5分］
（4）1枚の模造紙の上にカードを置いて仕上げる。グループ間の関係を特に示したいときにはそれらの間に線を引く。
①仲間分けの解釈をめぐって話し合う。
　　　　　　　　　　　　　　　　［15分］
②言葉の周辺に絵を描く。　　　　［15分］
③それぞれのまとめを発表する。　［15分］
④意味のわからない言葉を調べる。
　　　　　　　　　　　　　　　　［20分］
⑤調べたことを紹介し合う。　　　［20分］
⑥まとめの感想を書く。　　　　　［5分］

▶グループ分けしたカードを模造紙にまとめて発表する

6 ワークショップ型の授業が成立するために

　ワークショップ型の授業が成立するためには、以下の点に留意したい。

(1) 教材研究の重要性

　食育の授業をつくるためには、3つの作業がある。まず、どこに目をつけて何を教材化するかの段階である。子どもたちにとって、"身近にあって存在は知っているものの、十分に意識されていないもの"に着目するとよい。

　次に、どのようにやれば活動が生まれるかを検討する。

　このときに、

> ①どのような手立てや手法が取り上げるテーマに親和性があるかを検討する。
> ②教科・領域の学びの何が実現するかを検討する。
> ③教育課程への位置付け、どの教科に入るのかを考える。

このような一連の作業を丁寧に行うことが大切である。

(2) 資料の精選

　子どもの関心や体験を引き出す資料は重要である。多くの資料を使うのでなく、精選する。そして資料を提示するタイミングを吟味し、資料の必要感と切実感をどうやって出すかを検討しておく。

(3) 技法のコントロール

　活動を進めていく手順については、丁寧になぞってほしい。その際に、短い言葉で正確に指示をしたり、発言した子どもに拍手をしたりして展開にリズムをつくることが大切である。

(4) 子どもの発言の内容には敬意を払う

　ワークショップ型の授業では子どもの気づきや考えをとりわけ大切にする。子どもが発言している内容は、肯定的に聞くことが必要である。

　肯定の接続詞を使う。「なるほど」「そして」「それから」「うーん」などで返答するよう心掛けよう。

◀子どもたちが作った野菜カードを春夏秋冬別に並べてもらうワークショップ。学校栄養職員とのT・T授業で実物の食材を使って答え合わせをする。ほかにも、野菜の数え方（▲）や食べている部位別に分けたり、ゲームに使ったりと、手作りの野菜カードは教材として大活躍する。

7　教師を動かす"ひとこと"

　最後に，冒頭の「3つの誤解」を解くために，栄養教諭・学校栄養職員は日ごろからどんなことを心掛けていればよいのか，教師にどんな声掛けをすれば効果的なのかを考えてみよう。

　食育の垣根を低くし，教師を目覚めさせる"食育会話レッスン"。自分に置き換えて，場面を想像しながら練習してみよう！

「先生，それって食育ですよ！」

　食育は特別な活動ではないか，新しいことを何かやらなければいけないのではと思っている先生に，こんな声掛けをしてみてはどうか（**食育会話レッスン①**）。

　ついでに，教師を「ハッ」とさせる食育のヒントも加えられると，なおいい。

食育会話レッスン①　【国語の授業を見学して】

今日の授業で言葉遊びしてましたね。

そうなんですよ。食べ物の言葉は特にいっぱい出てきて驚きました。
だから「家族の人に聞いてもっと探してごらん」って宿題にしたところなんです。

あっ，先生！
それって食育ですよ！

えっ!?　そんなたいそうなもんじゃないと思いますけど…。

そもそも食育はたいそうなことじゃないと思いますよ。今度"調理の言葉"もいろいろあって面白いからやってみてくださいね。

いいアイデアですね！
ぜひやってみます!!

「先生のクラス，よく食べてくれるからうれしいです」

給食時間には担任に声を掛けるのも重要。給食に対する関心を高めたいときにどうぞ（**食育会話レッスン②**）。

「片付けは…するといいですよ」

新任の先生が一番戸惑うのは給食指導。大学では教わらない。しっかりおせっかいを焼いてほしい。そこから食育の実践者が育つ（**食育会話レッスン②**）。

「みその資料ありましたよ！」

家庭科の内容や総合的な学習の時間の活動に取り上げる資料を提案してつながりをつくる言葉（**食育会話レッスン③**）。

「水産業の学習に魚を使いませんか」

学級担任の関心事は教科の学習の充実。そこに食の教材を提案する。

教科の学習を良くしたいという学級担任の願いに，"ちょこっと食育"を実現させる（**食育会話レッスン③**）。

食育会話レッスン② 【ある日の給食終わり】

先生のクラス，すごくよく食べてくれてうれしいです！

ありがとうございます。
今日なんか，お代わりジャンケン大会で盛り上がりましたよ〜。

元気で活発な子が多いですもんね！

う〜ん…でも荒っぽい子がいて困ってるんです。
給食当番の片付けも結局僕がやらないと終わらないし…。

片付けを一人ひとりに協力してもらったらどうですか？　例えば牛乳パックの折り方は，**こうするときれいに重ねられますよ。**
私も今度給食時間にお邪魔して見回ってみますね。

食育会話レッスン③ 【職員室にて】

先生！　この前に話されていた**みその資料ありましたよ！**

助かります！
あの後，授業でみその話をしたら結構盛り上がったんです。資料，早速使ってみますね。

食べ物関係の資料なら任せてください！
それに今度，給食で旬の魚料理を出すんですけど，**水産業の学習で魚を使ってみませんか？**

いいですね〜。取り入れてみようかな。
給食ではどんな魚が出るんですか？

キーワード5
教える者と学ぶ者が常に入れ替わる学びを！

　栄養教諭・学校栄養職員，学級担任にもプラス，プラスになる食育を子どもたちのためにつくりたい。

　そのために，自動販売機型の学び（ボタンを押せば商品が出てくるような学び）は避けたい。

　「…って，なあに？」「…はね…だよ」というような，聞けばすぐに先生から答えが返ってくるような授業からは子どもは学ばない。子どもは学び続けない。

　学び続けるための工夫として，ワークショップ型の授業（22p〜）を積極的に取り入れてほしい。

　その志向する授業は，学びの姿が"見える化"していることである。また"流動化"しているのである。

　学習形態はもちろん，教える者と学ぶ者が常に入れ替わる学びである。教師も子どもと共に学ぶ中で，食に対する向かい方が確実に変わってくるのである。

ワークショップのアイデア活用法

　さて、いよいよワークショップの実践です。次のページからは、どんな教科・クラスでも活用できるようにアイデア（＝手法）をテーマごとにご紹介しています。

　例えば、「食の授業の導入に、子どもたちが楽しめるワークショップを取り入れたいな」と考えたとき、本書では"あそび"をテーマに、「ゲーム」（P22）「対抗戦」（P24）「色塗り」（P26）「クイズ」（P28）「推理する」（P30）「指令書」（P32）といった6つの手法を挙げています。「これは取り入れやすそうだな」と思うものを、下記のページの見方を参考にして、各授業に活用、応用してみましょう。

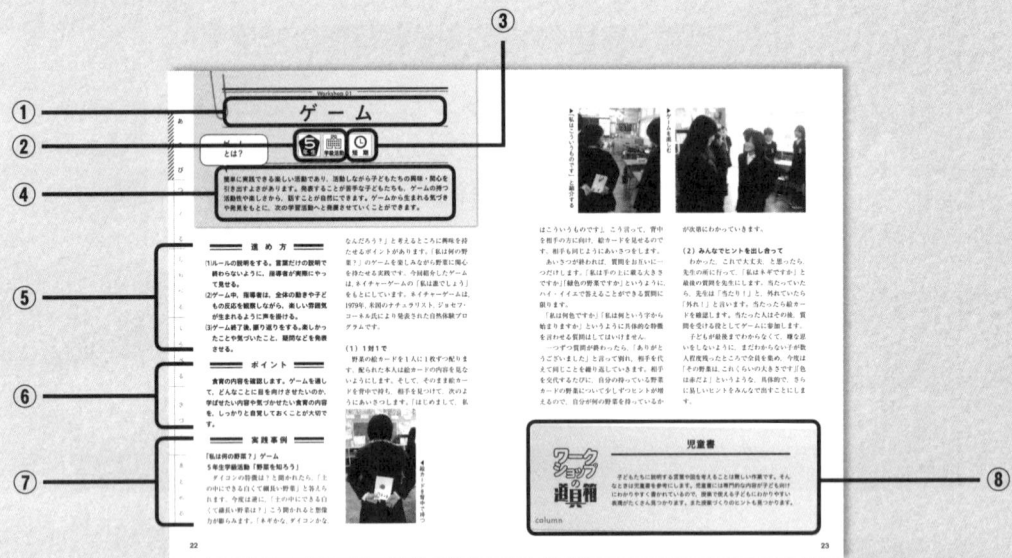

ページの見方（P22～P93）

① アイデア（＝手法）の総称。わかりやすく単語にしている。

② 実践を行った学年と教科。⑦から紹介している一つの実践例なので、この教科でしか活用できないということではない。

③ 「短期」と「長期」という表示、2種類がある。短期の場合は、授業1時間〜2時間内で単発で取り入れることができるワークショップの手法。長期の場合は、長い単元で取り入れることでも有効的な成果が得られるワークショップの手法。

④ ①の説明。どんな教科でも活用、応用しやすいように、概念を解説している。

⑤ 活動の流れ、展開などの進め方。指導者がどう子どもたちを誘導していくか順を追って説明している。ここで出てくる道具（付せん、ホワイトボード）等は、必ずしも用意しなくてはできない、というものではない。

⑥ ①を授業に取り入れる際のポイント。指導者側の心構えや授業の目的など、注意点も交えて説明している。

⑦ ①を使って実際に著者が行った授業の実践事例。ワークショップを行う中で、子どもたちがどういうことに気づいたのか、指導者がどう対応したのかを会話中心に具体的に説明している。複数の手法を活用している場合もある。

⑧ ワークショップを行う際に使う「道具」を紹介しているコラム（P94参照）。各ページの手法に連動していない場合もあり、また多くの手法に共通している内容の場合もある。モノだけでなく、指導者の「行動」なども紹介している。

ワークショップのアイデア

いろいろな教科、さまざまなクラスで活用できるワークショップのアイデア（＝手法）を6つのテーマに分けてご紹介します。

あそび
あそびの要素を取り入れたワークショップ

つくる
作る・調理するなどの作業を取り入れたワークショップ

しらべる
調べることを重点的に取り入れたワークショップ

くらべる
何かを比較して考えていくワークショップ

きづく
気づきを大切にしたワークショップ

まとめる
まとめていく作業を中心にしたワークショップ

あそび…22　つくる…34　しらべる…44　くらべる…56　きづく…66　まとめる…84

Workshop 01

ゲーム

ゲームとは？

簡単に実践できる楽しい活動であり，活動しながら子どもたちの興味・関心を引き出すよさがあります。発表することが苦手な子どもたちも，ゲームの持つ活動性や楽しさから，話すことが自然にできます。ゲームから生まれる気づきや発見をもとに，次の学習活動へと発展させていくことができます。

進め方

(1) ルールの説明をする。言葉だけの説明で終わらないように，指導者が実際にやって見せる。
(2) ゲーム中，指導者は，全体の動きや子どもの反応を観察しながら，楽しい雰囲気が生まれるように声を掛ける。
(3) ゲーム終了後，振り返りをする。楽しかったことや気づいたこと，疑問などを発表させる。

ポイント

食育の内容を確認します。ゲームを通して，どんなことに目を向けさせたいのか，学ばせたい内容や気づかせたい食育の内容を，しっかりと自覚しておくことが大切です。

実践事例

「私は何の野菜？」ゲーム
5年生学級活動「野菜を知ろう」

ダイコンの特徴は？と聞かれたら，「土の中にできる白くて細長い野菜」と答えられます。今度は逆に，「土の中にできる白くて細長い野菜は？」こう聞かれると想像力が膨らみます。「ネギかな，ダイコンかな，なんだろう？」と考えるところに興味を持たせるポイントがあります。「私は何の野菜？」のゲームを楽しみながら野菜に関心を持たせる実践です。今回紹介したゲームは，ネイチャーゲームの「私は誰でしょう」をもとにしています。ネイチャーゲームは，1979年，米国のナチュラリスト，ジョセフ・コーネル氏により発表された自然体験プログラムです。

(1) 1対1で

野菜の絵カードを1人に1枚ずつ配ります。配られた本人は絵カードの内容を見ないようにします。そして，そのまま絵カードを背中で持ち，相手を見つけて，次のようにあいさつします。「はじめまして，私

◀絵カードを背中で持つ

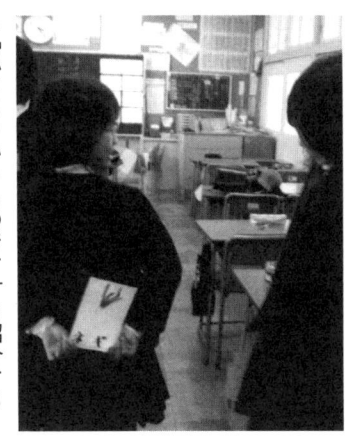
▶「私はこういうものです」と紹介する

▶ゲームを楽しむ

はこういうものです」，こう言って，背中を相手の方に向け，絵カードを見せるのです。相手も同じようにあいさつをします。

あいさつが終われば，質問をお互いに一つだけします。「私は手の上に載る大きさですか」「緑色の野菜ですか」というように，ハイ・イイエで答えることができる質問に限ります。

「私は何色ですか」「私は何という字から始まりますか」というように具体的な特徴を言わせる質問はしてはいけません。

一つずつ質問が終わったら，「ありがとうございました」と言って別れ，相手を代えて同じことを繰り返していきます。相手を交代するたびに，自分の持っている野菜カードの野菜について少しずつヒントが増えるので，自分が何の野菜を持っているかが次第にわかっていきます。

（2）みんなでヒントを出し合って

わかった，これで大丈夫，と思ったら，先生の所に行って，「私はネギですか」と最後の質問を先生にします。当たっていたら，先生は「当たり！」と，外れていたら「外れ！」と言います。当たったら絵カードを確認します。当たった人はその後，質問を受ける役としてゲームに参加します。

子どもが最後までわからなくて，嫌な思いをしないように，まだわからない子が数人程度残ったところで全員を集め，今度は「その野菜は，これくらいの大きさです」「色は赤だよ」というような，具体的で，さらに易しいヒントをみんなで出すことにします。

ワークショップの道具箱

column

児童書

子どもたちに説明する言葉や図を考えることは難しい作業です。そんなときは児童書を参考にします。児童書には専門的な内容が子ども向けにわかりやすく書かれているので，授業で使える子どもにわかりやすい表現がたくさん見つかります。また授業づくりのヒントも見つかります。

Workshop 02

対抗戦

対抗戦とは？

指示されたことや出された課題をグループで競争しながら取り組むことです。一つの課題に向かってグループ内で協力することで，連帯感が高まったり，勝ちたいという思いから，仲間に積極的に教えたりすることができます。また，取り上げる食に関するテーマへの関心が高まり，楽しい雰囲気の中で活動することができます。

進め方

(1) 競争するテーマについて説明する。
(2) 競争の方法について説明する。
(3) グループで競争しながら活動する。
(4) 活動を足場にさらに学習を進める。

ポイント

テーマが次の学習内容の方向性を規定するようにします。「対抗戦」の活動から授業を深めていくことが前提です。競争することを必要以上に重視すると，排他的な雰囲気が出てきてしまいます。あまり勝ち負けにこだわらないことを説明しておきます。

実践事例

（1）野菜のカードを作ろう
6年生学級活動

野菜の絵カードを作る活動につなげるために，班対抗で野菜の名前を書き出す活動を取り入れてみました。

①野菜の名前を探す

「みんなの知っている野菜を発表してみましょう。班対抗です」，そう言って，黒板に班の番号を書いた磁石を貼ります。「班で相談して，代表者が黒板に野菜の名前を書きます。ほかの班が書いた野菜は書いてはいけません。では始め！」

子どもたちは，ニンジン，ピーマン，カボチャとよく知っている野菜の名前を次々に書いていきます。順番が最後の班まで回ったら，また1班から始めます。3回りほどすると，次第に野菜の名前が出てこなくなる班も現れます。そこで，給食の献立表や家庭科の教科書から探したりする班も出てきました。献立表や教科書をしっかり見ることはよいことなので，そのままにしておきました。

②野菜の絵カード作りに発展（38p参照）

次に，「たくさん出てきたね。こんなに野菜があるのですね。では，これらの野菜を絵に描いてもらおうか」と，A5大の画用紙を用意し，自分たちの班で出した野菜の絵を，班のメンバーで分担して描くように説明しました。

班対抗で野菜を発表

（2）おにぎりの具を考えよう
6年生家庭科

おにぎりの具の条件を考える前の段階として、おにぎりの具を班対抗で黒板に書く活動を行いました。

おにぎりの具を発表

「おにぎりってどこで売っているかな？」「コンビニ」「スーパー」「お弁当屋さん」「うどん屋」「定食屋さん」「おにぎり屋さんていうのもあるんだよ」「へえ、知らなかった！」「まだほかにもおにぎりを見る場所があるよね」「どこだ？」、子どもたちは思い浮かびません。1人の男の子が「家！」「そうです。みんなの家の人が作るおにぎりも考えてください」。そこで、食べたり見たりしたことがある具にすること、中に入れてあるおにぎりの具に限定すること、とルールを説明しました。

こうして「具・合戦」は始まりました。おにぎりの具を班対抗で書き出します。タラコ、おかか、イクラ、マグロ、ツナマヨ、昆布、サケ、ネギトロ、高菜、めんたいこ…。面白かったのは班での話し合いでの会話。「これってすしのネタじゃないの」「焼きおにぎりっていいですか？」「おにぎりの上にエビフライ載せた…」「天むす！」「手巻きはどうなの？」。そして驚いたのが「あんこ」、おにぎりの具にあんこ!?　みんながぽかんとしていますが、その子は言います。「ご飯の中にあんこがある…」「それってぼたもちだ！」、みんな納得という顔。「そうですね。ここからがおにぎりでここからがおにぎりでない、そんな境界を決めることはあまり意味がないことかもしれないね。ただし、考えを深めるためには条件が必要です。ご飯の中に具が入っている、混ぜご飯でなく、具が外に出ているのも今回は考えません。また、きな粉を…」「付ける」「いやいや、調理の言葉があるんだよ。まぶすって言うんだ。まぶしたものも考えないことにします」。こうして新しい条件も加えて班対抗は進みました。

最後に、子どもたちの意見が出尽くしたところで具の条件を考えてみました。「味が濃い」「保存できる」「汁が出てこない」などに気づくことができました。

---

column

指示

指示が不明確であったために子どもの考えが引き出せないことがよくあります。子どもが何をすべきかわかる指示を出すことが原則です。【「〜しましょう」「〜しなさい」と短くはっきりと】【どこまでやるのかの目安やどんなふうにやるのかイメージがわく言葉で】【指示した後の活動を褒める】などに気をつけて指示を出しましょう。

Workshop 03

色塗り

> 色塗り
> とは？

子どもたちは色を塗ることが大好きです。「色塗り」は作業が簡単で，活動しながら自分の経験や疑問を語り出すことができる活動です。食材や料理に対する関心が高まり，知りたいことがはっきりとしてきます。食材や料理の色の価値や盛り付けの大切さにも目を向けることができます。

進め方

(1) 色塗りで取り上げる食材や料理について話題にする。
(2) 下絵を渡してどんな色を塗るか話し合う。
(3) 見本や実物を見ながら色を塗る。
(4) 気づいたことや疑問について話し合う。

ポイント

色を塗りながら子どもたちが話す事柄を聞き取って授業につなげていきます。

各グループを回りながら「これは何だと思う」「何色で塗ろうか」など問い掛けながら進めます。

実践事例

わけあって入っています
4年生学級活動

おせち料理は大切な伝統料理です。また，おせち料理に込められた人びとの願いやいわれについても，学ぶことに価値があります。

お正月の行事を大切に守ってきたこと，一つひとつの料理に家族の健康や幸せを願う気持ちが込められていることを学ぶ，4年生での実践です。学級活動の1時間を使って取り組みました。

(1) お正月の料理といえば

お正月に食べるものといえば何かな，そう聞くと，子どもたちからはお雑煮，おもち，おせちなどの発言が出ます。

おせちには何が入っているかなと聞きます。「黒豆」「数の子」「エビ」「巻いている卵」などの意見が出てきます。

(2) 色を相談する

おせち料理の絵が描かれた白黒の紙を1人に1枚ずつ配ります。すぐには色を塗りません。

「どんな色で塗ればいいか，相談してみよう」
「これは，きっと数の子だよ。だから黄色で塗るといいよ」
「これはエビだよね」
「これは，何？」
「見たことあるんだけど…」

おせち料理をめぐって子どもたちからは，食材の種類や色についてなど，いろいろな話題が出てきます。

(3) 色を塗る

次にカラーのおせち料理の絵を配ります。
「お手本を見ながら色を塗ってみよう」
子どもたちはここで初めて色鉛筆を持っ

て白黒のおせち料理の絵に色を塗ります。
「これは，豆だったんだ」
「黒豆って言ってたよ」
「じゃあ黒く塗って」
「これは何？」
「食べたことあるんだけどわかんない」
こうした疑問もどんどん出てきます。

▲おせち料理の絵の色塗り

（4）いわれを考える

色塗り作業を終えた段階で，おせちに入っている料理には一つひとつにちゃんとした理由があることを説明します。

「例えば，結婚式にはお魚のタイを出しますよね。結婚式といえば，メデタイ！という意味がありますね。それから，スポーツ選手は大切な試合の前に『トンカツ』を食べます。カツが"勝つ"という意味につながるんですね。こんなふうに料理に込められている意味や由来のことを『いわれ』と言います」

そして，おせち料理の名前といわれについて紹介していきます。

「どのいわれが，どの料理につながっているか考えてみよう」と説明します。

黒板に料理の短冊といわれの短冊を貼ります。グループごとに相談して，代表者が出てきて順番に組み合わせていきます。

右にその一部を紹介します。

```
れんこん…将来を見通す
昆布巻き…喜ぶ
伊達巻き…しっかり学ぶ
エビ…長生きを願う
黒豆…まめに働く，まめに暮らす
数の子…子孫の繁栄
田作り…豊かな実り
```

［子どもの感想］
○食べ物に願いが入っているのがすごいなあと思いました。意味があるのがおもしろいし，ああそうかーって思いました。なるほどと思うことがたくさんありました。

ワークショップの道具箱

色鉛筆

色鉛筆は，どこでも使うことのできる画材です。手や周囲が汚れない上に，パレットなどの道具も必要ないので片付けも簡単です。白地図を塗ったり，大切な部分にアンダーラインを引いたりすることもできます。芯の削り具合によってもいろいろな描き方ができます。コツは，力を入れないで軽く塗っていくことです。少しずつ色を濃くしていくといいでしょう。

column

Workshop 04

クイズ

クイズとは？

クイズは，誰でもが実践できる楽しい活動であり，活動しながら子どもたちの集中力を高めていくことができます。クイズで学習内容に関することに関心を持たせてから，調べ学習に入ることができ，学習活動への意欲を高めることができます。

進め方

(1) ルールの説明をする。全員がわかるように丁寧に説明する。
(2) クイズを出題する。指導者は，クイズ出題中は全体の動きや子どもの反応を観察しながら，楽しい雰囲気が生まれるように声掛けをする。
(3) 終了後，振り返りをする。楽しかったことや気づいたこと，疑問などを発表させる。

ポイント

どこでクイズを使うか，クイズの出し方をどのようにするかをよく検討してクイズを使うようにします。クイズが一方通行に終わらないように，子どもたちの反応を確かめながら進めます。

実践事例

日本人は何を食べてきたのか
6年生社会科「日本の歴史」

「食」を通して歴史を身近に感じたり，歴史の学びをより実感のあるものにしたりすることができます。

(1)「○○の食事」

黒板に「○○の食事」と板書します。「この"○○"には歴史上の人物名が入ります」と言いながら，卑弥呼，紫式部，源頼朝など，歴史上の人物の6枚の絵を順番に並べます。

この時，年表を使ってどの時代の人物かを簡単に説明しながら進めます。

次に，「問題です。ここに出てきた人物が食べたと思われるメニューを発表します」と，下記のような献立例を読み上げます。このとき「ノビルとは田の畦や野原などに生える山菜です」というように，子どもたちにわからない言葉には説明を加えます。

そして，「紹介したメニューは，誰の食事でしょうか」と，6人の人物と献立例を対応させます。

《献立例》
卑弥呼：ハマグリの潮汁，アユの塩焼き，長いもの煮物，カワハギの干物，ノビル，クルミ，クリ，もち玄米のおこわ
紫式部：ブリの煮物，アワビの煮物，カブ汁，大根のもろみ漬け，玄米のご飯
源頼朝：イワシの丸干し，梅干し，里いもとワカメのみそ汁，玄米のおこわ
徳川家康：ハマグリの塩蒸し，里いもとゴボウの煮物，タイの焼き物，カブのみそ汁，

納豆，麦飯
大塩平八郎：かまぼこ，白身魚の吸い物，カレイの煮物，カブとウリの漬物，豆腐のみそ汁，ご飯
現代人：コーンスープ，ハンバーグ，スパゲティ，ポテトサラダ，プリン，精白パン

(2) かむことの大切さ

「人は火を使って焼いたり，煮たり蒸したりして，食事をおいしく，また，軟らかく，食べやすくする工夫を重ねてきました。そのために日本人のあごも変化してきました」と話し，かむことの大切さを考えることにつなげていきました。

「硬い卑弥呼の食事の場合，1食当たり約4,000回食べ物をかんでいた」と話します。食事時間は51分も要していたことに子どもたちは驚きました。

一方，現代人は621回で11分。「現代は，市販されている食品に軟らかい食べ物が多くなっています」

「よくかむとどんないいことがありますか？」と子どもたちに問い掛けると，「消化にいい」「脳が発達して賢くなると聞いたことがある」「だ液が出るのでいいらしいよ」と，次々に発言が飛び出しました。

そして「だ液の中にある酵素がデンプンを糖に変えること」「よくかむと消化がよ

卑弥呼の食事について説明する

いというのはこのためであること」，さらに「だ液にはがんを防ぐ働きもあること」を補足説明し，先ほどの子どもたちの発言を受けて，「かむとどんないいことがあるか，キーワードの頭文字を並べると」と言って「ひみこのはがいーぜ」と板書しました（写真）。

「『の』は脳の発達ですね。ほかの頭文字は何を表していると思いますか？」

「答えは次の通りです。この頭文字を取って，『卑弥呼の歯がいーぜ』（「日本咀嚼学会」の標語より）と覚えるといいでしょう」

この標語は子どもたちには大変印象的なメッセージとなりました。

---

column

デジカメ

デジタルカメラを使えば子どもたちに伝えたいイメージやポイントを明確に示した画像を提示できます。パソコン等で加工して，プロジェクタを使って投影します。また，授業の記録をデジカメで撮影しておきましょう。子どもの作品や板書を撮影しておくと授業の振り返りができやすくなります。

Workshop 05

推理する

推理するとは？

与えられた情報をもとに食材や商品を想像して当てる活動です。わずかなヒントや断片的な事柄から考えることで，対象に対する興味や関心が深まります。答えを協力して考える，相談することでチームワークも生まれます。

進め方

(1) 食材や商品についてのヒントを示す。
(2) ヒントをもとに考える（1人で考える場合とグループで考える場合がある）。
(3) 考えたことを発表する。
(4) 答えを知らせる。

ポイント

考えるときに出てきた疑問や問いをもとに，新しい活動や調べ学習につなげることができます。食材や商品についてのヒントをグループで10個考えて出し合う「10のヒントゲーム」（ネイチャーゲームのアレンジ）も面白い活動となります。

実践事例

「食品を推理せよ！」ゲーム
6年生家庭科

私たちが食品を選び，買うときに頼りにする大切な情報が食品の表示です。食品の品質表示からどんな情報が得られるのか関心を持たせ，食品添加物の存在に気づかせる1時間の授業です。なお本実践は『農を遊ぶ─田畑・森・牧場を楽しむアクティビティ72』（のらり会 編，稲垣栄洋 著，晩成書房）の一節「食品推理カード」をもとに構成しました。

(1) 食品を買うときに見るものは？

「食品を買うときにどんな点に気をつけますか？」と子どもたちに聞きます。「賞味期限」「産地」「値段」「量」などの意見が出てきました。

次に，「そういうことはどこを見ればわかりますか？」の問いに，「袋」「パッケージ」「ラベル」「表示」，そういった声を受けて，品質表示を確認すればわかることを押さえます。

「品質表示をしっかりと見てもらうために，今日は『食品を推理せよ！』ゲームをします」，こう説明してゲームに入ります。

(2) 原材料名から食品を当てる

「スーパーマーケットで買ってきた食品の品質表示から原材料の名前を書いていきますから，何の食品か当ててください。わかったらワークシートに書きましょう。全部で5問あります」，そう言って，原材料名を一つずつ黒板に書いていきます。

第1問：「大豆」と書くと，「豆腐かな？」「納豆！」「みそかもしれない」「いや豆乳っていうこともあるよ」などと，にぎやかに反

応してくれます。続けて,「凝固剤(塩化マグネシウム)」と書きます。…最後に「消泡剤」と書きました。

第2問:「小麦粉,卵,砂糖,水飴,着色料(βカロテン)」―お菓子だろうと予想することができました。多くの子がキャラメルと考えました。

第3問:「白飯,カツオ,のり,アミノ酸,pH調整剤,ソルビット」―ほとんどの子がおにぎりと考えました。「pH調整剤,ソルビットって何だ?」「アミノ酸ってコマーシャルでよく出てくるよ」「おにぎりに何で入っているんだろうか」という疑問が出てきました。

第4問:「小麦粉,植物油脂,でんぷん,食塩,しょうゆ,肉エキス,カツオエキス,卵,香辛料,鶏肉,にんじん」―知っている子がいました。「麺だ!」,その声にラーメンと予想した子が多くいました。

第5問:「砂糖,果糖,ゼラチン,でんぷん,ゲル化剤,酸味料,香料,着色料(カロテン),バナナ濃縮果汁」―甘いお菓子だろうと予想したようです。

　答え合わせをします。子どもたちには原

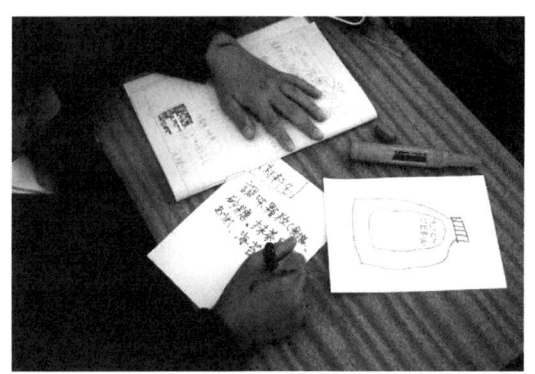

▲子どもたちも表示カードを作る

材料名を読み上げてから予想を発表してもらいます。次に教師が原材料名の簡単な説明を加えて答えを発表するという流れです。

1. 豆腐　2. カステラ　3. おにぎり
4. カップ麺　5. キャンディ

[子どもの感想]
○カップ麺は思っていたよりもたくさんの原材料が入っていたのでびっくりしました。カステラも意外でした。着色料を使っているとは知りませんでした。聞いたことのないものがたくさん入っていたので調べてみたいと思いました。
○思っていたより原料の種類が多いのでびっくりしました。原料から食品を言い当てるなんて,とても楽しい授業でした。また,やってみたいです。

キッチンタイマー

「3分間考えよう」「作業の時間は5分間です」。子どもたちに時間を決めて活動させるときに大変便利です。キッチンタイマーを使うと,程よい緊張感が生まれます。ピピピ!と終了時間を知らせる音が授業にリズムをつくります。裏に磁石が付いているタイプのものが黒板に掲示できるので便利です。

column

Workshop 06

指令書

指令書とは？

指導者がつくった「指令」を解決することを通して，食に関わることに興味を持ち，主体的に解決していこうとする意欲を育てることができます。「指令」の内容を「表示を持ってくる」「大豆が入っている商品を調べてくる」など多様に変えることができ，応用可能な活動です。教師の出す宿題でなく，「指令」というゲーム性を取り入れることで，子どもの意欲が高まる活動です。

進め方

(1)「指令書」を示す。壁に掲示したり，グループごとに渡したりしてもいい。
(2) 指令だけでは伝わらない事柄や活動ルールを補足説明する。
(3) 指令に従って活動をする。
(4) 活動をもとに話し合う。

ポイント

指令書の内容は，学習のねらいや身につけさせたい能力，気づかせたい内容を踏まえたものにすることが大切です。

実践事例

野菜のスイーツを作ろう
4年生総合的な学習の時間　ほか

"謎のパティシエ"からの「指令書」をきっかけに，野菜でスイーツを作る活動に取り組んだ4年生の学習です。

（1）指令書が届く

"謎のパティシエ"からの「指令書」が届いたところから，学習は始まりました。指令書には，1）市場町（自分たちの住んでいる町）で作っている野菜であること，2）買ってきてはいけないこと，3）家庭で余っているもの，以上，野菜の苗を持ってくるための3つの条件が付いています。差出人は"謎のパティシエ"。これだけで子どもはワクワクします。

「パティシエってスイーツを作る人でしょ，どうしてケーキを作る人が野菜の苗が欲しいの？」という質問。「わかった，おばあちゃんにお願いしてもらってくる」という子。子どもたちが動き始めます。

「スイーツ作りのために，野菜の苗を学校に持参するように」というメッセージには，担任のねらいが込められています。地域で生産される野菜に目を向けてもらいたいこと，野菜の苗を手に入れることを通じて，家族から地域の野菜の栽培の様子や工夫の話を引き出したいこと。

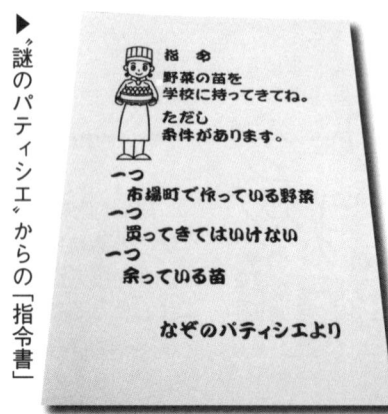

▶"謎のパティシエ"からの「指令書」

このねらい通り，翌日には祖母からもらった苗を持参する子が出てきました。朝の会で，誰にもらった何の苗かを紹介すると，私も苗を持ってこよう，どんな野菜があるのかな，子どもたちの意欲は一層高まりました。

（2）野菜でスイーツを作る
　子どもたちが持参した野菜の苗を花壇に植え，菜園へと様変わりしました。その後，野菜スイーツのパティシエとして活躍する柿沢安耶さんが来校し，子どもたちと「ナスのコンポートタルト」を作りました。
　「また柿沢さんに会いたい」という気持ちが高まった子どもたち，「どうしたら柿沢さんが来てくれるか」を考えた結果，「野菜のことをもっと知れば，来てくれるかもしれない」と結論し，"野菜の修業"をすることになりました。誰に師匠になってもらうか，何を修業するのか，それぞれが考え，"野菜の修業"が夏休みの宿題ともなりました。
　9月には，"野菜の修業"の成果を発表し合い，栄養教諭に野菜の栄養や食材としての魅力について教えてもらいました。
　夏野菜の収穫が終わった学年園では，栄養教諭のアドバイスをもとに，色が鮮やかでスイーツになりそうな野菜で，しかも町

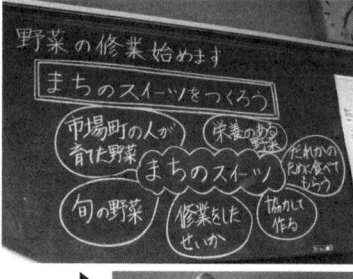
▶パティシエの柿沢安耶さん指導による野菜スイーツ作り

▼板書
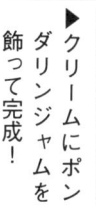

▶クリームにポンダリンジャムを飾って完成！

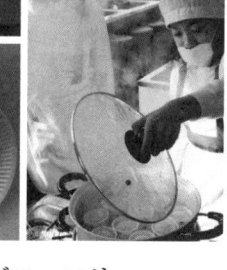
▼ホウレンソウの蒸しパンを作る

の産物である野菜として，ブロッコリー，キャベツ，ホウレンソウ，キヌサヤ，花菜，ハクサイを選び，JAの営農指導員の協力を得て栽培活動も続けました。
　"野菜の修業"の成果報告として，子どもたちが発案したスイーツのレシピを柿沢さんに送付，その結果，柿沢さんが再び本校に来てくれ，スイーツ6品を作成。子どもたちは，自分たちの夢が実現したことを感じたのです。

---

column

はがせるテープ

ワークショップの道具箱

　貼ったりはがしたりできる透明テープです。模造紙や画用紙を壁に貼り出すときに使います。貼るとテープがほとんど見えなくなります。はがしても後が残らない点が優れています。またテープの上から文字を書くこともできます。コピーをとってもほとんど影が出ません。壁がざらざらの面でも，きちんと貼ることのできる商品もあります。

Workshop 07

つくる

つくるとは？

何かを「つくる」ことで，対象への理解が深まり，実感できます。その体験を足場に，聞き取りや調べ学習などの次の活動への意欲を高めたり，取材の視点をはっきりさせたりすることができます。主体的に学習に取り組む能力を身につけさせるとともに，学ぶことの楽しさや成就感を体得させる上で有効な手法です。

進め方

(1) 学ばせたい内容や気づかせたいことに関わる体験活動を考える。
(2) 作った後に活動を振り返る。気づいたことや疑問に思ったことを出し合う。

ポイント

「つくる」活動を通して，どんなことに目を向けさせたいのか教師は自覚しておくことが大切です。例えば，伝統食や外国の食事を作ることで，そこから生まれる気づきや発見を生かして，教科の内容への理解を深めたり，次の学習活動へ自然につなげたりしていくようにします。

実践事例

すいとんを作ろう
6年生社会科「15年も続いた戦争」

すいとん作りを通して戦争のころの人びとの暮らしが少しでも理解できるのではないかと考えました。物がなくて苦しい生活をしていたのにも関わらず，たくましく生きた知恵や生き様に出合わせたいと「すいとんを通してたくましく生きてきた人の姿に学ぶ」をテーマに6年生の社会科の学習で2時間ほど取り上げてみました。

(1) すいとんを作る

出版されている全社の全学年の教科書から戦争のころを扱った教材を探しました。また，教科書を子どもたちと読み直しました。次に，生活協同組合ララコープの被爆60周年企画平和学習会資料「すいとんをつくってみよう」を参考にすいとんを作りました。

《材料（4人分）》
小麦粉 300g，大根 1/4本，水 200cc，大根の茎と葉，カボチャ，サツマイモ，カツオだし，しょうゆ 大さじ4杯，塩 少々

大根の皮をよく洗い，皮ごと食べやすい大きさに薄く切ります。次に，大根の茎と葉も，細かく切ります。カツオ節で，だしをとります。鍋に大根を入れて，強火で煮込みます。カボチャとサツマイモ，大根の茎と葉を入れます。しょうゆと塩で味をつけて，火を弱めにしておきます。ボウルに小麦粉と水を入れて，手でよくこねてすいとんを作ります。耳たぶより少し軟らかいくらいにします。すいとんをひと口で食べられる大きさに手でちぎって，鍋に入れていきます。中火で5～6分煮込んで，出来上がりです。

（2）すいとんから戦争の学習へ

　粒で食べるお米と違って小麦粉は水で溶くことによって何倍もの量にすることができるため，わずかな小麦粉でも満腹感を得られることを説明しました。次に，すいとんについての思い出を取材しようと子どもたちに投げ掛けました。

○昔の「すいとん」は，飢えをしのぐだけの材料しかなく，だしに入れるものもなく，配給の小麦粉はザラザラで，本当にすごいものでした。

○味つけもしょうゆを一滴たらしただけ，歯ごたえもじゃりじゃりしてまずかった。

○具があまり入っていなかったことや，サツマイモのつるやカボチャのつるを使っていた。

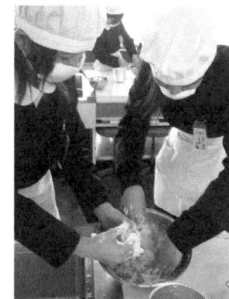
◀小麦粉をこねる
▼すいとんを作る

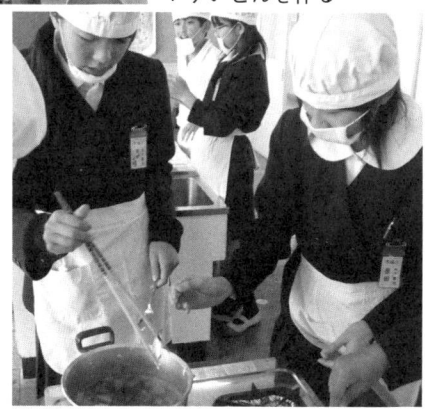

　すいとんをきっかけに子どもたちは，「配給」「空襲警報が鳴ると…」「集団疎開」などの言葉を集めてきました。

○昔の人が戦争のころに代用食として食べていたすいとんを作りました。おいしかったです。小麦粉を水に溶かすと量が増えて満腹感がありました。戦争をしていた時代は食べるものがなく，保存のきく食材を入れてすいとんを作っていたそうです。保存がきく食材と満腹になるすいとんを作った昔の人はすごいと思いました。私なら毎日すいとんを食べていると飽きると思います。でも昔の人はそれでも頑張って生きていました。今度，家で戦争が起こっている時代に頑張って生き抜いてきた人のことを考えながらすいとんを作ってみたいです。

○戦争の時に手間の掛からないすいとんを考えた人はその時に合っている具，合っている調理の仕方を考えてすごいと思った。今回作ったすいとんには「だし」が入っているからおいしいけど，本当は「だし」なんて入っていなくて，「塩」と「しょうゆ」だけで味をつけていたそうだ。「塩」と「しょうゆ」だけだったら毎日は少しきついです。

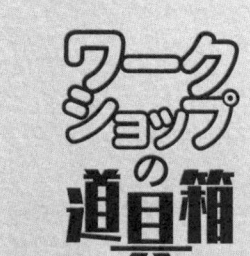

クリップボード

　資料を挟むクリップが付いている板です。クリップボードにワークシートを挟んで，取材に出ます。手元が不安定な場所でのメモ取りやアンケートに万能です。机がなくてもメモが取れる良さがあります。ボード部分が厚紙の物やプラスチック製の物など，いろいろあるので，予算と用途に合わせて購入します。

column

Workshop 08

マップ作り

マップ作り とは？

マップを作ることで、調べたい対象がどこにどのように広がっているかをつかむことができます。マップ作りの共同作業を通してお互いの持っている情報を共有し、課題を見つけ、みんなで考えることが可能となります。出来上がったマップから生まれる気づきや発見をもとに、次の学習活動へと発展させていくことができます。

進め方

(1) 郷土食の写真、お米の産地のラベルなど、学習テーマをもとにマップに貼る材料を集める。
(2) 画用紙や模造紙などに貼っていく。あらかじめ地図を書いておくと作業が円滑に進む。
(3) 出来上がったマップを見ながら、楽しかったことや気づいたこと、疑問などを発表させる。

ポイント

どこに貼るかについて、厳密に位置を確認することに気を取られ過ぎないようにします。

あくまでも作業することが中心です。丁寧に図化することは良いことですが、不明な部分を大まかに処理することも必要です。

実践事例

チラシでつくる世界地図
6年生社会科「日本と関係の深い国々」

日本は、食物の多くを他の国からの輸入に頼っています。日本の食料自給率は40％ほどしかありません。

外国から来た食物を新聞のチラシから探して、切り抜きをもとに世界地図を作ります。数字ではピンとこない食料自給率が身近なものになります。

(1) チラシから輸入食品を見つける

授業に先立ち、新聞の折り込み広告（チラシ）、中でも食料品のチラシを1週間分集めておきます。これらを使って、グループで活動します。

まず「チラシの中から、外国から輸入されている食べ物を見つけましょう」と問います。そして「○○産の食べ物を探すといいね」と助言をします。子どもたちは「ネギが中国から輸入されている」「ブラックタイガーはベトナム産って書いてあるよ」とすぐに見つけます。

チラシから外国産を見つける

（2）位置を確かめ国の形を知る

食べ物が輸入されている国の位置を地図帳で確かめます。

「バナナはここから来ているんだ」とエクアドルを見つけたり，「ノルウェー産の塩サバってここから来ているんだね」と教え合ったり，楽しい活動となります。

「見つけた国の形になるようにハサミでチラシを切り取りましょう」，そう話して作業を始めます。

その国の形の特徴もわかって面白い作業です。

「フィリピンは島ばっかりで切れません」と困っている子も出てきます。そんなときには，「大きな島だけでいいよ。細かい形は気にしない。適当に切り抜いても構わないよ」と助言します。

（3）地図を作る

切り抜いた国を4つ切りの画用紙に貼っていきます。食料輸入相手国の世界地図をグループで作ります。

地図帳を使って位置を確認しながら貼っていきます。

「中国はシイタケやホウレンソウも貼れるよ」という場合は重ねて貼ります。「アメリカやオーストラリアが多いね」と輸入品目の多い国も見つかります。

切り取ったチラシを貼る

[子どもの感想]
○世界からいろいろなものが輸入されていたことは知っていたけど，広告やチラシでも見つかることを初めて知りました。
○いろいろな食べ物が外国から来ているんだなあと思った。特にアメリカが多い。
○日本は外国にばかり食料を頼っていて大丈夫なのかな。
○外国から食べ物が来なくなったら日本の人びとはどうなるか心配。

自分たちの生活の中に多くの輸入品があること，自分たちの生活が多くの国々との関係によって成り立っていることに気づくことができました。

---

column

チラシ

折り込みチラシは，デザインがよく，消費者の目に留まるように工夫されています。マップ作りだけでなく，表示や買い物の仕方の学習等，授業に多様に活用できます。ある程度地域に密着した情報が掲載されている点も授業づくりの可能性を広げてくれます。1週間程度集めておくといいでしょう。

ワークショップの道具箱

Workshop 09

カード作り

カード作り とは？

6年生 / 学級活動 / 短期

カードを作ることで対象をよく観察することができます。カード自体を作る過程で新しい発見があります。作ったカードを紹介し合うと，一人ひとりの発見を共有することが可能となります。また，A5大の画用紙に野菜の絵を描いただけのカードがあれば，いろいろな学習で活用できます。

進め方

(1) 取り上げるテーマ（野菜，魚等）について説明する。
(2) A5大の画用紙にテーマに関わる絵を図鑑等で調べながら描く。
(3) 色鉛筆で色を塗る。
(4) 描いた絵の下に野菜の名前を書く。

ポイント

「野菜の絵カード」と同じように「魚の絵カード」や「果物の絵カード」を作ってみましょう。「野菜の絵カード」の内容に野菜を使った料理名や原産地，栄養素など学年に応じて調べたことを盛り込んで「野菜事典」を作るといいでしょう。

実践事例

「対抗戦」（24p参照）で取り上げた「野菜のカードを作ろう」の実践の続きです。知っている野菜を班対抗で競争しながら発表することから始まり，野菜の絵カードを作る，6年生学級活動での学習です。

（1）野菜の絵カードを作る

知っている野菜を発表し，黒板いっぱいに野菜の名前が書かれました。「たくさん出てきたね。こんなにたくさんの野菜があるんですね。この野菜を絵に描いてもらおうか」,「えー！いやだ」「それがわかっていたら，こんなにいっぱい出すんじゃなかった」と言う子もいました。

A5大の画用紙を用意し，自分たちの班で出した野菜について，班で分担して絵を描くように説明しました。

次に，図書館に行き，図鑑や百科事典，科学系の読み物などを調べて野菜の絵を描いていきます。

先ほどまで嫌だと言っていた子も喜んで描いています。1枚のトウモロコシの絵を丁寧に仕上げる子，ダイコン，ナス，カリフラワー，トマトと，友達の分まで絵を描くのに熱中する子とさまざまですが，6年生でも本当に楽しそうに描いています。

「ワサビってこんな形してたの」「オクラの花はきれいだね」「ブロッコリーって花を食べてるんだ」等，野菜としての特徴や旬などについて新しい発見がありました。

（2）野菜の絵カードを使って

子どもたちが作った絵カードをラミネート加工します。こうすると絵カードが傷まなくなります。野菜の絵カードを使って，次のような授業をすることができました。

▲野菜の絵を描く

▼野菜の絵カード

◇旬の野菜を食べよう

　野菜の絵カードを，春夏秋冬別に並べます。野菜の旬を当てる活動です。食材には旬があることや旬のよさを知る学習につなげることができます。

◇どこを食べているのかな

　野菜の絵カードを，食べている部位別に分けます。「果菜」「葉菜」「根菜」などに分けられることを知り，利用部位に注目して，野菜に対する関心を深めることができます。

◇「私は何の野菜？」ゲーム

　1人1枚ずつ野菜の絵カードを背中に持ちます（22・23p参照）。

　「手の上に載る大きさですか」「土の中でできますか」等の質問を，次々と相手を変えながらしていくことで，自分が何のカードを持っているのかを当てるゲームです。

ワークショップの道具箱

ラミネート加工

　絵カードをラミネート加工しておくと，傷んだり，汚れたりすることがありません。授業で何度も繰り返し使っても状態のよいままで扱えます。専用のフィルムを使って行います。子どもたちが使うことを考えて安全のために四隅を丸く切り落としておくといいでしょう。薄い板磁石を挟んでラミネート加工すると，黒板やホワイトボードに貼り付けて使用することができます。

column

Workshop 10

さいばい

> さいばいとは？

5年生 **家庭科** **長期**

花や野菜の栽培を通して生命の大切さをとらえ，そのたくましさ，不思議さ，巧みさを感じることができます。「さいばい」とは，農場やほ場などが身近にない場合でも教室でできる栽培活動を指しています。野菜の切れ端を水で育てるリサイクル栽培なら手間がいらず，かわいい緑のインテリア小物にもなります。料理の後に捨てられてしまう野菜や，台所の隅で眠っている残り野菜が結構あることに気づくことができます。

進め方

(1)家庭科や生活科，理科などの学習で取り上げた野菜について紹介する。
(2)野菜を教室で育てる方法を話し合う。
(3)継続的に「さいばい」に取り組む。
(4)活動をもとに話し合う。

ポイント

子どものそばに野菜などの作物があることで，継続的に関わりを持つことができます。継続的に関わりを持つことで，次の世代に引き継がれていく生命の連続性に気づき，食材に命を感じる活動が可能となります。子どもが実際に取り組み始めるまでの野菜との出合いを大切にします。「みそ汁作りで残ったネギを育てられないかな」「このニンジンから葉っぱを出させたいね」など野菜について話し合いながら活動に取り組みます。

実践事例

野菜のリサイクル
5年生家庭科

ダイコンの葉っぱの近くの所，ネギの根っこ，ニンジンの頭の部分などは普段捨てています。そんな残り野菜を容器に入れて水をやるだけの水栽培で，何日かすると葉っぱや根が伸びてきます。野菜の生命力には驚かされます。家庭科の調理実習で使って残った野菜で実験してみました。

(1) ジャムやコーヒーのガラスビンを用意する

水栽培に使う容器は身近なものを用います。重くて安定したものがいいので，ジャムやコーヒーなどの透明なガラスビンが向いています。クレソンやミツバは背の高いビンに入れます。根の部分にウレタンのついたミツバやクレソンなどは背の高い容器を，背の低いハクサイなどは浅いジャムのビンなどを使って水栽培します。ダイコンのような安定した野菜ならプラスチックの皿でも大丈夫です。

(2) ポイントは水の量と置き場所

野菜が水に完全に漬かってしまうと腐るので，水の量には気をつけます。玉砂利を敷いて，玉砂利が漬かるくらいの水の量が適当です。その上に野菜を置きましょう。玉砂利の代わりにキッチンペーパーを2つ折りしても使えます。置き場所は直射日光の当たらない所がいいでしょう。1週間もすれば，緑の葉や白い根が出てきます。

（3）野菜別，栽培の難易度は…

いろいろな野菜を試してみて難易度をつくってみました。挑戦する時の参考にしてください。

難易度Ａ：少しくらい水やりを忘れても大丈夫。ミツバ，クレソンは根にほとんどウレタンがついているので安心です。サツマイモ，サトイモは半分に切って使います。

難易度Ｂ：水やりさえ忘れなければ大丈夫。ハクサイ，ダイコン。

難易度Ｃ：水替えや水の量にも注意。ニンジン，ネギ，タマネギ。

ニンジン，ダイコンなどは頭の部分，ハクサイなどは芯の部分を使います。茎の根元の所と根の一部がついていればうまくいきます。

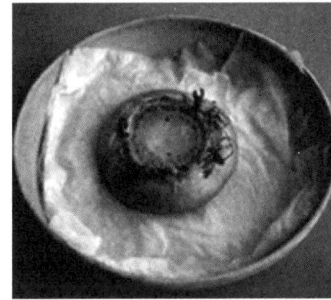

◀大根から小さな葉が出てきた

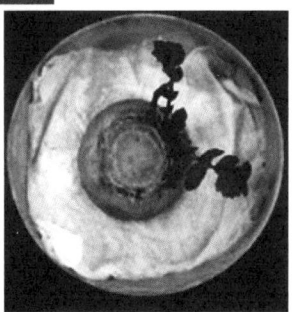

葉が伸びてきた▶

（4）野菜の花にも出合える

子どもたちは「リサイクル野菜だ！」と呼んで野菜の成長を喜んでいますが，正しくは「野菜の再生」です。「ネギが伸びてる！」「ニンジンの葉っぱってかわいい」と，教室で挑戦していると，毎日いろいろな発見があります。子どもたちは捨てられてしまう野菜に命があることに気づいてくれます。上手に育てると，野菜の花にも会えます。ネギは生命力が旺盛です。ネギ坊主ができることがあります。ネギ坊主とはネギ

◀野菜の花にも出合える

の花のことで，これができた茎はとうが立って，まずくて食べられないそうですが，子どもたちは大歓迎です。ネギの種の観察までできました。

ブロッコリーを水を入れたコップに挿しておくだけで，花が咲きます。ブロッコリーの食べている部分はつぼみなんだということが実感できます。

---

column

展　示

教室の壁に作品を掲示するだけでなく，棚やロッカーの上に実物を並べておくと子どもたちの関心が高まります。今回の「さいばい」の例も同じです。日常的な関わりが対象への関心を高めてくれます。もみとぬかの違い，清涼飲料水に含まれている砂糖の量など，実物展示をきっかけに授業が始まったり，授業の発展として位置付けたりすることが可能です。

ワークショップの道具箱

Workshop 11

名づける

名づけるとは？

6年生 / 家庭科 / 社会科 / 長期

自分たちで作ったものに名前をつける活動です。料理や食材に対する思い入れが生まれます。ぴったりと合った名前をつけようと対象への理解が深まります。みんなで楽しみながら料理を作った達成感を共有できる活動です。

進め方

(1) 作ったものに名前をつける条件を説明する（秋の○○，○○定食のように）。
(2) 名前を考える（1人で考える場合とグループで考える場合がある）。
(3) つけた名前とその理由を発表する。
(4) 名前プレートを作る。

ポイント

名前を決めてから活動を始めると，こんな料理を作りたいという意欲が高まります。作った後で名前をつけると，料理の価値や思いの共有など振り返りの活動となります。発展として，作った料理に値段をつける活動も面白いでしょう。

実践事例

（1）秋の定食を作ろう
6年生家庭科「計画的な食事作りをしよう」

1学期，ご飯とみそ汁の学習と献立作りについて学習したことを受けて，じゃがいも料理や秋の食材を使った料理に挑戦しました。

「○○定食□□円」。自分たちの立てた献立を実現すべく調理実習。「自分たちの作る料理に名前をつけて価格を決めてみよう」，これだけでがぜん張り切ります。今回の条件は，秋です。そしてできたのが次のようなメニューです。

できた食事に「○○定食□□円」と書いて写真に撮影します。「○○定食□□円」，たったこれだけで子どもたちも満足でした。

▲「秋晴れ定食」

▲「秋のじゃがいもランチ」

▲秋の食材を使った定食の調理

▶鳴門産のワカメを使う

▲地産地消うどんの板書

（2）地産地消うどんを作ろう（62p参照）
6年生家庭科・社会科

「地産地消うどん」と名づけて活動が盛り上がり，小麦，塩，カツオ節，昆布などについてできるだけ地域（徳島県）に近い産地の食材を探してそろえることができました。例えば小麦粉は"さぬきの夢2000"（香川県産），カツオ節は土佐の厚削り（高知県産）。

流通レベルのゴマは全部輸入物だということがわかったので，今回はゴマは使わないことにしました。

ネギは自宅から用意しました。ワカメは鳴門産のものを使用しました。

1回目に作った市販のスープを使ったうどんと，2回目の「地産地消うどん」を比べて，どちらを選ぶかも話し合いました。「味，手軽さ，値段，栄養，安全，環境への優しさ」など，選択する判断の観点も相談して決めました。

「地産地消うどんが安全でいい」「でも手間が掛かるし単価が高くなるよ」「品質表示をよく見て自分で考えて選ぶようにしたい」「時と場合に応じてよく考えよう」

一つの視点だけで選ぶのではなく，さまざまな情報を正しく知って自分の条件に合ったものを選択することが大切であることに気づくことができました。

ワークショップの道具箱

書画カメラ

書類や原稿をカメラで撮影して，モニターやプロジェクターで見るための装置です。操作が簡単で，映し出したいものをカメラの下に置けば，そのままの画像が映し出されます。例えば，出来上がった料理を映せば素材の特長をよく把握してもらえます。また調理の途中を映せば，一度に全員が同じものを確認することが可能になり，料理のプロセスの細かい所まで理解してもらえます。

column

Workshop 12
聞き取り

聞き取りとは？

6年生 社会科 家庭科 長期

外国語を聞いて理解することを指すこともありますが，ここでは，聞いて情報を得ることを指しています。子どもたちが家庭や地域の人と話すことで，関わりが増えてコミュニケーションをとることを可能にする手法です。

進め方

(1) 聞き取りの目的・対象・質問内容等を話し合って決める。
(2) 聞き取りを行う。
(3) 聞き取った内容や印象的なエピソードを紹介する。

ポイント

意欲を持って主体的に取り組むために，より詳しく知りたい，聞いてみたいという思いを持たせる事前の活動や話し合いが必要です。また事後に聞き取りをしてよく知ったことを，一人ひとりが新聞等にまとめたり，発表したりして紹介するという目的を持たせることも大切です。

実践事例

懐かしの給食を再現しよう
6年生社会科「戦後日本の復興」・
家庭科「バランスのよい食事を考えよう」

（1）給食の思い出

卒業が近づき小学校生活の思い出を振り返り始めた6年生の1月から学習は始まります。「1年生の時に給食をよく残してしまった」「デザートの出る日は絶対休まないと決めていた」など，給食の思い出を語り合います。そこで思い出の給食を8つ切り画用紙に書きます。エピソードや思い出も絵に添えます。

（2）大人も懐かしい給食

子どもたちが家庭でも給食の思い出を話題にすると，保護者も給食の思い出を語り始めます。「牛乳がおいしくなかったと言ってた」「昔は今と食器が違っていたらしいよ」など，子どもたちは親から聞いた話を学校でも紹介してくれるようになります。

今度は，家族に懐かしの給食の献立について聞き取りをします。「脱脂粉乳の味とにおいは忘れることができない」（40代），「鯨の肉を油で揚げて，フライドポテト，ニンジン，タマネギをケチャップで絡めた物を絶対にもう1回食べてみたい」（40代），「食器はアルミで冷たい感じでした」（30代）など，給食の思い出を懐かしそうに語ってくださいます。

例えば，40代の方の給食の献立と，それにまつわる思い出は次のようなものです。

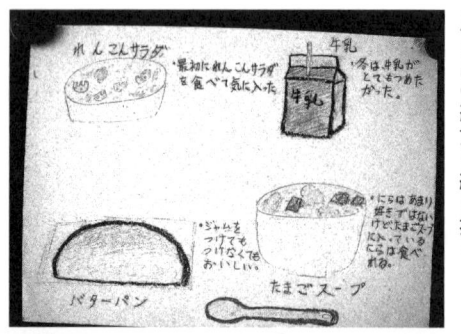

思い出の給食を絵に描く

献立【おでん（じゃがいも・こんにゃく・平天）・鯨の竜田揚げ・パン・マーガリン・ミルク（脱脂粉乳）】「小学校時代の給食です。とてもおいしかった思い出があります。おでんは一つひとつがとても大きくて味も薄味でおいしかったです。鯨の竜田揚げは，パンの横にいつも添えられていました。しょうゆの味が香ばしくて今でも思い出しては，『食べてみたいなあ』と思う一品です。ただ，パンは食べられずに半分残し，2～3日机の中に入れたままでいると，カチカチになってしまいました。ミルクもにおいが苦手であまり好きではありませんでしたが，コーヒー味はおいしかったです。途中で三角パックの牛乳に変わったように思います。スプーンは先がフォークのように3つに割れたスプーンでした」

再現された昭和40年代の給食

（3）給食は時代を映す

　祖父母の世代からの聞き取りを加えて，年表にまとめます。給食のなかった世代もあり，一方で40代・50代は脱脂粉乳や堅いパンのことが詳しく書かれています。子どもたちは今とずいぶん違っていたことを実感します。献立が時代とともに豊かになってきたことが見えてきます。例えば，昭和51年には「米飯給食が正式に位置づけられた」ことから献立のレパートリーが広がったことや，「バイキング給食」が始まったことに符合し，聞き取りしたメニューも豊かになっています。それは豊かな食の時代が来たことにつながります。子どもたちは「日本が豊かになってきたんだなあ」と感想を述べます。給食はまさに時代を映す鏡でした。献立の変化から日本の発展の歴史が伝わってきます。これまで「戦後日本の復興」の単元は，子どもたちの実感が乏しく，社会科でも扱いにくい内容であったように思いますが，「給食の歴史」を教材化することで，少し子どもたちも実感できたのではないかと思えます。

（4）昭和40年代の給食を再現する

　学習の最後に昭和40年代の給食を再現しました。献立は，コッペパン・春雨サラダ・ちくわのかば焼き・脱脂粉乳・デザート。デザートはそれ以外のメニューで不足している栄養を補うために「みかんのヨーグルトあえ」にしました。

ワークショップの道具箱

板書

　学習内容を構造化し，授業目標を効果的に達成する大変有効なツールです。板書を見ると，学習の流れや子どもの意識の変容が見て取れるようにします。多彩な色を使うよりも，矢印や文字囲み等を活用して工夫します。1時間に1つの板書，つまり消して新たに書くことをしないようにします。ワークショップでは，「ファシリテーショングラフィック」と呼ばれる手法ともなります。

column

Workshop 13

フィールドワーク

フィールドワークとは？

6年生　社会科　長期

調べるテーマについて，そのテーマに応じた現場を実際に訪れて調べることを指します。畑や市場，商店など食に関わる現場に出ていき，よく観察し，現場で働く方や暮らしている方に話を伺います。実際に現場で見聞きした成果は大きいものがあります。

進め方

(1) フィールドワークの目的を確認する。
(2) マナーや安全に対する配慮をしっかりと説明する。
(3) デジカメやメモ帳など持ち物を確認してフィールドワークを行う。
(4) 終了後，聞いた話や見つけたことを紹介する。

ポイント

子どもたちには，あいさつをすることや要点を整理して質問することを実際に学ぶよい機会となります。フィールドワークに出る前にこの点を話しておきます。また，実際に現地の方との交流を通して，お互いの理解を深めることが可能になります。すてきなゲストティーチャーが見つかるチャンスがあります。

実践事例

畑をさがせ！
4年生社会科「地図を使おう」

社会科の「地図に親しむ」の内容とつなげて，学校からの方角や距離を確認させながら畑の位置を地図上にプロットしていく「畑をさがせ！」。4年生の授業の事例を紹介します。地図に親しみながら，地域の農業や農家への関心が自然に高まる活動です。

(1) 野菜の畑を見つけよう

ブロッコリー，キャベツなど，地元の野菜の実物を教卓の上に並べます。「この野菜は，地元の野菜です。学校の周りの畑でも栽培されています。この野菜を作っている畑を探してみよう。どこに畑があったか，目印を確認します。野菜の種類ごとに色違いの学習シールを地図上の畑のあった場所に貼ります」，このように説明します。

子どもたちは，家の近くにキャベツ畑があることや，3年生での社会科の学習を思い出しています。

(2) 畑を探そう

子どもたちは，ブロッコリーやホウレンソウなど，地元の野菜が植えられている畑だけを見つければいいので，簡単に取り組むことができます。登下校や放課後，休日などを利用して畑を見つけてきます。3日後の社会科の時間に，どこに畑があったのか発表します。

「公民館の隣にブロッコリーの畑がありました」「公民館ってどこにあるの？」「市役所をずっと図書館の方へ行って…」「○

○君の家の近くなの？」「ええっと…」，発表のたびにこんなやり取りが続きます。

「みんなよく見つけてきていますね。でも見つけた人はどこにあったかよくわかるけど，教えてもらっている人はよくわかりませんね。どうしようか」。すると「地図を書いたらいいよ」という意見が出てきました。「先生も同じことを思っていたので地図を用意しました」と，1／10000の地図を見せながら「ここの色を赤く塗ってあるのが小学校，青が中学校，そして黒が市役所です。これから畑を見つけたら，地図にシールを貼ろうね」。これで，活動が一気に盛り上がりました。

（3）JAの方に聞く

1週間ほどして，地図にシールがたくさん貼られて，野菜畑の分布や土地利用の特徴が見えてきたときを捉えて話し合いの機会を持ちます。授業では，JAの方を招いて「もっと畑を見つけるにはどうしたらいかヒントをもらおう」というテーマで話し合いました。JAの方からは，「中学校から北にはキャベツ畑はありませんし，農協から西にもキャベツ畑はありません。この地域には，ハクサイを探すと，キャベツ畑，そしてブロッコリーの畑も見つかります」などのアドバイスをいただきました。

地図にプロットする

JAの方にお話を聞く

こうして，子どもたちは，登下校や放課後，休日等を利用して地域の人やJAの職員の方に聞いて，野菜の畑を見つける活動を続けたのです。その後，デジカメで畑の写真を撮影したり，誰が野菜を育てているかを調べたりする活動へ発展し，国語の時間に，野菜を育ててうれしいことや大変なこと，おいしい野菜を育てる工夫などを新聞にまとめました。

子どもたちが見つけた地元の農家をゲストティーチャーとして招いて実際に話を聞いたり，野菜のよさや栄養については，栄養教諭や学校栄養職員からも説明をしてもらったりすると，さらに学習が深まります。

---

column

1／10000の地図

地図は社会科の学習では必須の内容です。中でも1万分の1の地図は，小学校を中心とした校区の広がりを確認するのに適しています。学校などの代表的な建物や通学路なども確認できて，フィールドワークの結果をまとめるのには最も適しています。地図を販売している大型の書店で購入できます。

ワークショップの道具箱

Workshop 14
アンケート

アンケートとは?

6年生 家庭科 長期

子どもたちが一定の質問形式で意見を聞くことを言います。複数の人に対して，同じ質問をすることで意見が明確になったり，傾向がはっきりしたりするという目的があります。アンケートは本来回答者が多いほど，精度が高まるので良いとされていますが，学習として取り入れる際は，アンケートすることで回答者との関わりが増えてコミュニケーションをとることを優先するようにします。

進め方

(1) 質問する内容や方法を話し合って決める。
(2) 質問紙を作成する。
(3) 質問する。
(4) 集計する。そこから気づいたことを話し合う。

ポイント

アンケートをする目的を自覚させます。質問する内容や項目をしっかりと決めておくことが大切です。質問することを想定して，どう聞いて，どう書くかを練習しておくといいでしょう。

実践事例

全国お雑煮マップ
6年生家庭科「伝統食」

お雑煮は地域によって作り方や味が違います。冬休みの宿題としてお雑煮のアンケートを行い，休みが明けてから各自の調査結果を報告し合う授業です。

(1) 私の家のお雑煮は?

「お正月に食べるものには，どんなものがあるのかな」と子どもたちに聞きます。すると，「おもち」「おせち料理」「七草がゆ」「お雑煮」という意見が出ます。簡単にお雑煮の由来について説明し，「あなたの家ではどんなお雑煮を食べていますか？　自分の家の雑煮について書いてみましょう」と説明して，ワークシートを配ります。

数日後，家庭で調べてきたことを紹介し合います。「私の家のお雑煮は丸いもちで，みそ味。いりこでだしをとって白菜や里いもを入れます」「ぼくの家のお雑煮はもちを焼いて入れます。丸いもちです。味つけはみそ，だしはいりこだし，白菜やしいたけ，えのきたけを入れます」

子どもたちはみんなの発表を面白そうに聞いています。

(2) 全国のお雑煮はどんなもの？

「聞いた話によると，隣の香川県ではあんもちを入れるそうだよ」「えーっ！」「関東では四角いもちを入れるそうだよ」「おばあちゃんが神奈川にいるから聞いてみようかな」「そうだね，冬休みに親戚の人が帰ってくることがあると思います。また親戚の家に行くこともあるかもしれませんね。そこのお雑煮がどんなお雑煮か調べてみましょう」と課題を出します。

「北海道のおじさんに電話で聞いてもいいですか？」「いいですね。みんなの知り

合いに電話で取材してもいいですね」。子どもたちは面白そうという顔をしてくれましたので,「できれば全部の都道府県のお雑煮が集まったら面白いね」と話すと,「うちのおばさんは宮崎にいます」「大阪に転校していった友達がいます」「先生,北九州ってどこ？」。今度は地図の学習が始まりました。

　こうして全国のお雑煮調べを冬休みの宿題にしました。

（3）全国のお雑煮調べから

　冬休みが明けて子どもたちがワークシートを持ち寄りました。

　「京都では白みそで,丸いもちであんこ入りで甘いそうです」「富山では焼いた角もちを入れます。すまし汁にかまぼこ,白菜,にんじん,大根を入れるそうです」。

　残念ながら全国制覇というわけにはいきませんでしたが,日本各地のお雑煮が集まりました。子どもたちはお雑煮にこれだけたくさんの種類があることを驚いていました。

　「お雑煮には,その地域の産物が入るので,だしのとり方や具の種類まで,地方によっていろいろな種類のお雑煮があります。もちの形についていえば,一般的には,富山から三重にかけての『分岐ライン』で分かれるようです。東は角,西は丸に分かれます。味つけは,東日本はしょうゆを,西日本はみそを使うことが多いようです。もちろん例外もありますし,今は昔ほど西と東ではっきりと区別されることは少なくなりました。それでもお雑煮からその土地の文化や暮らしが見えてきます」。そんな話をして授業を終わりました。

▲ワークシート

ワークショップの道具箱

ワークシート

　観察・実験・調査したことを記録したり,思考内容をまとめたりする学習カードを指します。学習を支援したり教師の評価に使ったり学習者の自己評価にも活用できます。書く項目についての質問だけよりも,これまでの活動を振り返り,何のために記録するのか,何をどのように書くのか説明する文章を付け加えると子どもたちの学習が深まります。

column

Workshop 15

集める

集めるとは？

6年生 / 家庭科 / 短期

ある条件や視点を決めて，子どもたちが探した物を学校に持ち寄る活動です。集める活動それ自体がよい学習になるとともに，集まった物をもとに話し合うことで新しい気づきや発見が生まれます。活動自体は簡単なので子どもたちも取り組みやすい上に，家庭や地域での活動を伴うので，保護者を巻き込んだり，学習の生活化が容易になったりする手法です。

進め方

(1) 何を集めるのか説明する。例えば，食品表示，マーク，米の袋，タネ，外国産の野菜が載っているチラシ等，具体物を示しながら説明する。
(2) 子どもたちが集めてきた物を掲示物に仕上げたり，マップに構成したりすることで整理する。
(3) 整理した物をもとに，気づいたことや感想などを話し合って振り返る。

ポイント

「何を集めるのか」をしっかりとイメージできるようにするために，教師が集めておいた物を具体的に示して見せることが必要です。

さらに，どうやって集めたらよいか，集める方法を話し合うことも大切です。

実践事例

ダイズなダイズの木
6年生家庭科「ご飯とみそ汁」

ダイズを原料とする食品のラベルを集める活動を通して，ダイズに関心を持たせる学習を6年生の家庭科の学習で0.5時間ほど取り上げてみました。

（1）ダイズでできる食品

「ご飯とみそ汁」の学習の中でみその原料の話が出ました。みそがダイズからできることを確認した後，ほかにはどんな食べ物がダイズからできるか問い掛けてみましたが，「豆腐」「納豆」の意見で止まってしまいました。「ダイズでできている食べ物がまだまだたくさんあるので，表示にダイズと書いてある食品を探してラベルを持ってこよう」と説明しました。「先生はこんな物を見つけました」と言って豆腐のラベルを見せると，「家にある」「いっぱい持ってこよう」と活動が勢いづきました。

（2）ダイズの木

翌日，数人の子どもたちがみそや豆腐，納豆のラベルを持ってきました。模造紙に木の幹と枝だけを書いたものを用意して，

給食のジャムの袋にダイズの表示を見つけた

子どもたちが持ってきたラベルを貼ります。「ダイズの木」と題を付けると自分も探してみようという子が増えていきました。その後，教室の壁に模造紙を貼り，自分たちでラベルを貼るようにしておきました。「油揚げ」「しょうゆ」「豆乳」など次第に増えていきます。朝の会で新しく貼ったラベルを取り上げて話し合うと，「油揚げってダイズでできるの」「そうだ豆乳があった」「父さんが湯葉ってダイズからできるって言ってたよ」など関心が深まっていきます。

（3）変化するダイズ

　みそ，納豆，しょうゆ，豆腐，きな粉，おから，湯葉など日本の食文化を形作る食品がたくさん見つかったころに，ダイズを加工した食品について「ダイズの木」を使って説明しました。「煮たり，煎ったりすると煮豆や煎り豆になります。粉にするときな粉，飲み物では豆乳があり，温めると…」。このようにダイズが形を変えて日本人の食生活に深く関わっていることを話しました。子どもたちは一度興味を持つと，どんどん調べてくれます。「原材料の一部に大豆を含む」の表示を手掛かりに，チョコレートやあめ，ケーキ，あんパン，キャンディ，アイスクリームなどのお菓子に，ダイズに含まれている「レシチン」が「乳化剤（大豆由来）」として利用されていることもわかり，表示に関心を深めるきっかけにもなりました。

[子どもの感想]

○私たちの生活に大豆がいっぱいあることがわかった。粒の大豆は食べなくてもいろんな大豆を食べていることがわかって少し賢くなった気がする。大豆は日常生活の必需品だ。

○大豆はその食べ物の名前に「大豆」と書いていないと入っていないと思っていたけど，いろんなものに入っていたのでびっくりした。食べるだけかと思っていたけど調味料などいろんなものに化けているんだなあと感心した。

ダイズ表示のラベルを集めた"ダイズの木"

---

column

掲　示

　教室内やろう下の掲示というと，出来上がった作品を貼り出すというイメージがあります。調べる活動につなげ，制作の途中や学習過程を含めて掲示することで，そこから刺激を受けて学習が深まります。ただ飾るというのではなく，子どもたちと作っていくプロセスを掲示したり，出来上がった掲示物を振り返りの活動に生かしたりすることがポイントです。

ワークショップの道具箱

Workshop 16
演示じっけん

演示じっけんとは？

6年生 / 学級活動 / 短期

　詳しく知りたいことや不思議に思っていることを目の前で再現したり，操作したりすることで新しい発見が生まれます。これが実験※です。そこから対象への理解が深まります。授業という集団で学ぶことで，一人ひとりの気づきが大きな意味も持ってきます。「演示じっけん」は，教師が子どもたちの前で行う実験です。

進め方

(1) どんなことを実験するのかを確認する。
(2) 子どもたちの興味や関心を引くように「○○してみますね」「どうなるかな」「ということは…」のような言葉掛けをしながら実験を進める。事例のように，仮説を立てていろいろな野菜を試していくと面白さが倍増する。
(3) 実験を通して，楽しかったことや気づいたこと，疑問などを発表させる。

ポイント

　教師の実験が全員に見えるように注意します。教師の周囲に集める場合は，教師の横には並ばないように，また教師の手元よりも低い位置から見ないように（いずれも安全対策）注意します。

※ここでは，実験の用語は，学校におけるワークショップという視点から使用しています。科学における厳密な意味での実験という用語を使用しているわけではありません。

実践事例

野菜の浮き沈み
6年生学級活動「野菜を知ろう」

　野菜が水に浮くか沈むかには，面白い決まりがあります。野菜の生育の様子への関心を高めるために，演示じっけんを取り入れた6年生学活の授業を紹介します。

（1）水に浮く野菜，沈む野菜とは？

　水槽を用意し，水を八分目ほど入れておきます。まずはピーマンから始めます。「中が空いているから浮く」，子どもたちからそんな答えが返ってきました。試してみると，予想通り浮きました。

　次はキャベツ。これも同じような理由で，「葉っぱの間に空気が入っていそうだから浮く」と予想しました。結果はその通りになりました。続いてのタマネギは浮くと沈むの予想が半々に分かれました。結果は浮きました。ジャガイモ，サツマイモと予想しながら試してみます。ほとんどの子が沈むと予想しました。結果は沈んでいきました。

　この辺りで子どもたちは気づき始めます。

浮くか沈むか予想を立てる

サツマイモを試す

大根はどうか試してみる

浮く野菜と沈む野菜に分かれた

「土の上にできる野菜は浮く,土の中にできる野菜は沈むのではないか」。キュウリで試します。土の上にできるので浮くはずです。予想通り浮きました。今度はダイコン*です。土の中にできるので沈むはずです。予想通り沈みます。キャベツやカボチャ,キュウリなど地上で育った野菜は水に浮くのです。ニンジン,ゴボウなど地下で育った野菜は沈むのです。いわゆる根菜と呼ばれている野菜です。

(2) 熟したら沈む

次に,トマトを水に入れてみます。トマトは地上にできるので浮くはずですが,完全に熟しておいしさがぎっしり詰まった分だけ重くなる野菜なのです。真っ赤なおいしそうなトマトは水槽の底へ沈み,まだ熟しきっていないトマトは水面にプカプカ浮かび上がります。子どもたちはこれにはびっくり！ これを応用して,ミニトマトの糖度を簡単に計る方法があります。水に入れて浮くか,沈むかを見るだけです。水に沈むミニトマトは糖度が高く,8度以上あります。

*ダイコンは,葉に近い方だけを切って水に入れると浮くことがあります。畑で生育する様子（一部は土から出ている）の説明につなげることもできます。

ワークショップの道具箱

農 業

農家が行っている良い種もみを選ぶ方法の一つに「塩水選」と呼ばれる作業があります。塩水を使って比重の重いもみを選び出し,土にまくのです。この塩水選も,野菜の浮き沈みに関係しています。食育に農業の技術や農家の知恵についての話題を積極的に盛り込むことで学びが深まります。

column

Workshop 17

児童じっけん

児童じっけんとは？

6年生 理科 短期

詳しく知りたいことや不思議に思っていることを目の前で再現したり，操作したりすることで新しい発見が生まれます。これが実験※です。そこから対象への理解が深まります。「児童じっけん」の良さは，一人ひとりが操作したり，対象に関わったりすることで，自分のペースで実験することができ，興味・関心が高まる点にあります。

進め方

(1) 実験の目的を確認する。
(2) 実験の結果を予想する。
(3) 実験の結果とわかったこと（結果から言えることや，さらに気づいたこと，疑問など）を発表させる。

ポイント

何のために実験するのかという意識を子どもたちに常に持たせることが大切です。子どもはどうしても目の前で起こる変化や操作に関心が行くあまり，実験の目的を忘れてしまうことがあるからです。

※ここでは，実験の用語は，学校におけるワークショップという視点から使用しています。科学における厳密な意味での実験という用語を使用しているわけではありません。

実践事例

だ液の働きを知ろう
6年生理科「消化と吸収」

だ液は食べ物を消化するために大切な働きをしています。しかし子どもたちはだ液を，汚いもの，不要なものと考えています。こうした子どもたちの見方を変えるために授業を考えました。

6年生理科の「消化と吸収」の学習で，だ液の働きとかむことの大切さを児童じっけんを通して体感的に考えさせてみました。

（1）だ液がデンプンを変化させるのかな

まず，朝食を食べることの大切さを話します。「ご飯やパンなどの主成分であるデンプンが消化されてブドウ糖になって，はじめてエネルギーとなり，脳を活発に働かせることができます。脳はエネルギーの消費が大きく，寝ている間にも消費します。だから朝食を食べないと脳にエネルギーが行かないのでボォーッとしてしまいます」

それから「だ液でデンプンが本当に変化するのかな。調べてみよう」と問い掛け，実験を始めます。まず少量のおかゆを自分の容器（アルミのカップ）に入れます。自分専用の容器に自分のだ液を入れて実験すれば，ほかの人のだ液で行う場合と違い，心理的な嫌悪感が少なくなります。

ヨウ素液をたらすと，すぐに青紫色に変化します。次に青紫色に染まったおかゆにだ液を落とします。青紫色に染まっていたおかゆが次第に透明に変化します。

子どもたちはだんだんと色が薄くなっていく様子に驚いています。おかゆは40℃くらいに温めておき，口の中の状態と同じようにしておくことがポイントです。

（2）だ液はどんな働きをするか？

次に，だ液の働きを説明します。「食べ物の消化・吸収を高める」ということに加えて，「口の中の汚れを落とす」「味を感じさせる」「食べ物を飲み込みやすくする」などの働きがあることを話します。

さらに，「分泌されるだ液の量は1日1～1.5ℓ，つまり牛乳パック1本分以上にも相当する」と話すと，子どもたちは皆びっくりしています。

「ご飯やパンなどをかんでいると甘く感じられることがありませんか」と聞くと，「ある！」と答えてくれます。

「それはだ液がデンプンを糖に変えているためです。よく昔から"早食いは消化によくない"といわれますが，食べ物を消化しやすくするためにはかむことが大切だからです。よくかんでだ液を出して消化することで体に栄養を取り入れるのです」

この実験を通してだ液に対する子どもたちの見方が変わっていきます。

▶アルミカップにおかゆを入れる ▶おかゆにヨウ素液をたらし、だ液を落とした後の変化を見る

[子どもの感想]

○僕は，はじめ，だ液は汚いと思っていたけど，実験をやってみるとだ液はこんなにすごい働きがあり，味を感じることができるのは，だ液のおかげだということがわかってよかったです。

○1日1.5ℓのだ液が出ていると知ったときは驚きました。だ液はただ出ているだけでなくて，だ液がちゃんと体の中で仕事をこなしているんだ，私たちにとって大事なものだとわかりました。

---

column

予備実験

ヨウ素反応でデンプンが青紫色に変化するといっても，デンプンの種類やヨウ素液の濃度によって薄い青紫色から濃い褐色に近い色になることもあります。「予備実験」を行うことで，実験のコツをつかむこともできます。もちろん，危険の予測をし安全を確保するためにも，必ず「予備実験」を行います。

ワークショップの道具箱

Workshop 19

世界の○○

> 世界の○○とは？

【6年生】【社会科】【短期】

世界各国の料理や食材を取り上げて，それぞれを比べる活動です。多様な料理や食材を比較することで共通点や地域性に目が向きます。また日本の料理や食材と比較すれば，日本の食文化の良さに気がつくことができます。

進め方

(1) 写真，図版などの資料を示す。
(2) 資料をもとに比べたり，推理したりする。
(3) 考えたこと，気づいたことを発表する。
(4) 共通点や地域性の視点からまとめる。

ポイント

この活動では，写真は欠かせません。資料を手に入れることが活動を充実させるコツです。

今回取り上げた事例でも，「オタフクソース株式会社」のホームページの「世界のお好み焼き」の写真を，許可を得て活用させていただいています。

「世界の○○」という切り口で，多様な活動が可能となります。例えば，「世界のすし」であれば，日本食の価値や良さが際立ちますし，「世界のお好み焼き」であれば，水で溶いた粉にいろいろな具を入れる世界共通の食文化に重点が置かれます。

このように，取り上げるテーマによって学ぶ内容に変化を持たせることができます。

実践事例

世界のお好み焼き
6年生社会科

世界にはどんなお好み焼きがあるか，6年生の社会科で1時間ほど取り上げました。

（1）ピザ，ナン，チヂミは？

まず始めに，黒板に「世界の○○○○○○」と書きます。

「授業の終わりに，この○○に入る言葉がわかります」

そう言って，プリント2枚（A4用紙1枚に4種類ずつ，計8種類の料理の写真が載っています）を配ります。

「この中に，ナンやピザをはじめ世界の料理が載っています。8枚の写真の料理の名前を当ててください」

子どもたちはグループで相談しながら料理の名前を考えます。グループで回答が決まったら，付せんに料理名を書いて写真の上に貼ります。

世界の料理の写真を見ながら何という料理かグループで相談する

（2）料理名を推理する

黒板に，料理名と合わせて国名，材料などのヒントを次のように書いていきます。2つの例を示しておきます。

チャパティ：インド（カレー，小麦粉）
タコス：メキシコ（肉，豆，野菜を包む，トウモロコシの粉）

写真の料理名を推理して理由を添えて付せんに書く

これらのヒントをもとに写真の料理名を推理します。

グループで相談して答えが決まったら，理由を添えて付せんに書きます。

「カレーが入っている？」「これがそんな色をしているよ」「野菜を包んでいるのはこれだろう」などと，子どもたちはヒントをもとに，にぎやかに相談を始めました。

全グループの予想が出そろったら，答え合わせをします。

（3）粉を食べる文化

答え合わせでひとしきり盛り上がった後，「お好み焼きを入れて全部で9種類の料理に共通していることはなんだろうか」と聞きます。

「小麦粉，米粉，トウモロコシの粉だから，粉を使っている」「色が黄色い」「焼いている」「具を入れている」。ここまでは子どもたちが見つけましたので，「粉はそのままでは食べにくいので，水で溶いて食べるということも共通していますね」，そう付け加えて結びました。

最後に，「この〇〇〇〇〇〇の中にはどんな言葉が入るかな？」と質問し，子どもたちに考えてもらいました。「こなりょうり」という意見もありましたが，「おこのみやき」と説明すると，なるほどとうなずいてくれました。

[子どもの感想]

○写真を見て，これがお好み焼きなの？と思ったけど，世界から見たら日本のお好み焼きもそう思うかもしれないから，それぞれでいいと思った。

○日本のお好み焼きとは形が違うし，使っているものも違うけど，いろんな国の人が思っていることと私たち日本人が思っていることが同じだとわかった。

---

column

説 明

説明は学習の課題などについて理解させる言葉掛けです。表情，強調した身ぶり・手ぶり，重要な点を指し示すような黒板の使用，短く簡単な文章・例えやエピソードの使用などの点から振り返ってみましょう。子どもの表情や反応を観察することで，説明している内容が伝わっているか，と自問自答が行えます。

ワークショップの道具箱

Workshop 20

テイスティング

テイスティングとは？

6年生 社会科 長期

「利き酒」という言葉があるようにお酒などの味利きをすることです。食育に活かす場合には，見た目や香り，味や風味を比べることを通して食材への関心を持ったり，疑問を持ったりすることができます。単元の導入に取り入れると効果的です。

進め方

(1) 取り上げる食材について知っていることや体験等を話し合う。
(2) 比べる観点を出し合う。
(3) 実際に食べ比べる。
(4) ワークシートに記入したことを出し合う。

ポイント

すぐに食材の食べ比べに入るのではなく，どんな視点から比較するのか十分に話し合っておきます。「早く食べたい！」と期待をどんどん膨らませるようにじらすことが大切です。

実践事例

お米を食べ比べよう
6年生社会科「日本と関係の深い国々」

世界の人口の半数以上が食べている米。粒が短く粘りのあるジャポニカ種と，粒が長くてパサパサしたインディカ種に大きく分けられます。種類により色，味，香りもさまざまです。国によって調理法や食べ方が違います。米を通して多様な食文化を尊重しながら日本の食文化をもっと理解してほしいというねらいから，「お米の食べ比べ」の授業を3時間取り上げてみました。

（1）タイ米の紹介

「タイ米って知っているかな」と問います。「食べるとパサパサ」「細長いお米」などの答えがあります。世界地図でタイの位置を確認します。

（2）比べる

タイ米（インディカ種）と日本の米（ジャポニカ種）を比べます。細長いことが実感できます。「食べ比べる時に，どんなことを比べようか」と問い掛けます。味，やわらかさ，舌触り，歯ごたえ，香り，表面の色などが意見として出ます。

（3）食べ比べる

ジャポニカ種は給食のご飯を，インディカ種はタイのジャスミンライスを食べ比べます。インディカ種は，粒の形は細長く，

タイ米と比べる

タイ米を食べ比べる

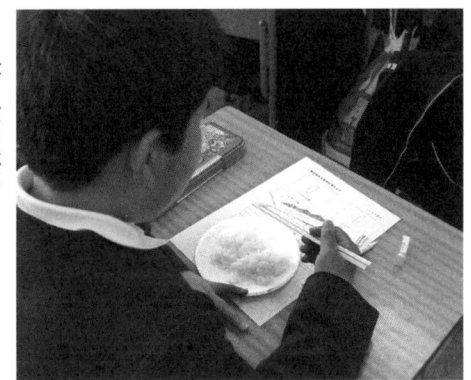

炊くとパサパサした感じになります。ジャポニカ種は、粒は短く円形に近い形をしており、炊くと粘りとつやが出ます。

(4) 食文化へ

「おにぎりに向いているのはまとまりやすい日本のお米ですね。細長い形の粘り気のないインディカ米に最適な調理法は"ゆでる"です。イタリアのリゾットに代表される調理法は"煮る"です。スペインのパエリヤは平たい鉄鍋を使った炊き込みご飯です。アメリカにはジャンバラヤといって、スペインのパエリヤをアレンジした炒めご飯があります。チャーハンやピラフなどは炒めて食べます。中国の中華がゆ、韓国のビビンバ、インドのプラオなど、世界の国々で独特な米料理が生まれています。米に応じて多様な食事や食文化があることと、それぞれの良さを理解してほしい、そして日本の米のこともしっかりと知ってほしいです」と説明しました。

[子どもの感想]

○米の試食をしてみて、世界にはたくさんの米の種類があるんだと知ってとても驚きました。特に覚えているのはインディカ種です。とても細長く、ポップコーンみたいな味でおいしかったです。世界の米のことを知ることができてよかったです。

○インディカ種はカレールーとよく合いそう。イタリアの米が私的には一番おいしかった。米といっても、こんなにたくさんの種類があるなんて知らなかった。知ることができてよかった。

○いろいろな国のお米が食べられてとてもいい経験になりました。米のちがいで食事のちがいや道具のちがい、文化のちがいまでもわかってしまうことはすごいと思いました。

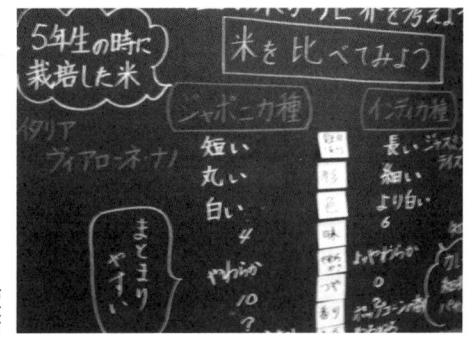

板書

ワークショップの道具箱

語り

解放的な雰囲気づくりを心掛けるようにして、できるだけ操作的・命令的な話し方は避けましょう。学習の内容や方法がわからないと何をするのか、何をさせられるのか不安な気持ちになり、意欲が落ちてしまいます。学習の進め方や時間配分も説明するようにします。答えを与えようとするのでなく、子どもたちの感じたことを尊重しましょう。

column

Workshop 21

ものさしづくり

ものさしづくりとは？

6年生 ／ 家庭科 ／ 社会科 ／ 長期

2つの事柄や内容を比べたり，評価したりする際には，判断する基準が必要となります。この基準を子どもたちとつくる活動です。「ものさしづくり」の話し合いを通じて，どんなことに目を向けさせたいのか，学ばせたい内容や目の付けどころが焦点化されます。

進め方

(1) 何を比べるのかを確認する。
(2) 比べる観点を自由に発言し，教師はそれを整理する（このときに付せんを使って整理すると効果的）。
(3) 出来上がった基準を黒板にまとめたりワークシートに記入したりする。
(4) 作った「ものさし」で比べたり，評価したりする活動を行う。

ポイント

他の活動と組み合わせることで効果が上がります。例えば，テイスティング（60p参照）では，「味・色・香りなど」の基準を作ってから行うといいでしょう。

実践事例

地産地消うどんを作ろう
6年生家庭科・社会科

市販のうどんの原材料と原産地を調べます。日本的な料理に思われるうどんが，その原材料のほとんどを外国からの輸入に頼る現状に驚かされます。

できるだけ住む町に近い場所で作られた原材料で，うどんを作って比べてみる6年生での実践です（「名づける」43pでも紹介）。

（1）原材料と原産地を調べる

はじめに，ネギとゴマが入っているだけのうどんを作りました。材料はすべて市販のものを使用しました。小麦粉，食塩，ネギ，ゴマ，サトウキビ，カツオなどの原材料（調味料に使用されている大豆，トウモロコシ等も含めて）がどこから来ているのか原産地を調べていきました。

食塩はメキシコ，オーストラリアから，砂糖はキューバやオーストラリアなど，また，めんつゆに使われている大豆はアメリカから，さらにカツオ節や昆布までが外国から輸入されていることがわかってきました。「多くの原材料が輸入されているよ」「年によって時期によって輸入先が違うんだ」「ゴマは国内産はないんだ」ということに気づいていきました。5年生の社会科の学習を想起させ，食料を外国に頼っている状況も確認しました。

（2）地産地消うどんを作ろう

農政局の方をゲストティーチャーに招き，食料自給率の現状と課題，地産地消の意義などについて話していただきました。「輸入がストップしたら大変だ」「輸入すると環境にも負担がかかる」「食の安全の問題もある」など外国に食料を頼ることの問題

に関心を持ちました。

ゲストティーチャーから「地産地消でうどんを作ってみるといいね」と応援をもらい，2回目のうどん作りへ意欲を高めました。栄養教諭やJAの支援を受けて小麦粉，塩，カツオ節，昆布などについて，できるだけ徳島県に近い産地の食材を探してそろえました。例えば小麦粉は"さぬきの夢2000"（香川県産），カツオ節は土佐の厚削り（高知県産）のように，できる限り条件に合ったものをそろえました。流通レベルのゴマは全部輸入物だということがわかったので，今回は1回目に使ったゴマは使わないことにしました。こうして地産地消うどんは出来上がりました。

（3）「ものさしづくり」でどちらを選ぶか考える

最初に市販の材料で作った1回目のうどんと「地産地消うどん」を比べて，どちらを選ぶかを話し合いました。「味，手軽さ，値段，栄養，安全，環境への優しさ，こだわり」など，選択する判断の観点も相談して決めました。

このものさしづくりの活動を通じて，「地産地消うどんが安全でいい」「環境にも優しい」「でも手間が掛かるし単価が高くなるよ」「誰が作ってもおいしくできるのは

うどんを比べる"ものさし"をもとに話し合う

1回目のうどんだよ」など，それぞれのうどんの良い点と悪い点がはっきりとしてきました。

さらに，「表示をよく見て自分で考えて選ぶようにしたい」「時と場合に応じてよく考えよう」など，一つの基準だけで選ぶのではなく，さまざまな情報を正しく知って，自分の条件に合ったものを選択することが大切であることに気づくことができました。また一方的に外国産が悪いというわけではなく，地産地消の視点も大切であることを確認しました。

こうして，うどん作りという具体的な活動を通して，さまざまな判断基準をよりどころに食品を選んでいくことが大切であることに気づかせることができました。

---

column

ネットワーク

「地産地消うどんを作ろう」では，栄養教諭はもちろん，JA，農政局など食に関わるさまざまな方の支援をいただきました。食に関わる団体と顔の見える関係を築くことで，効果的な実践が可能となります。授業を通してそれぞれの団体の思いやニーズ，強みや課題などを具体的につなげていく努力をすると，地域でのネットワークができ，授業の応援団となります。

ワークショップの道具箱

Workshop 22
ビフォー・アフター

ビフォー・アフターとは？

6年生 / 家庭科 / 理科 / 長期

活動前後の比較を通して学んだことを評価する手法です。活動の振り返りから明確になった改善点や反省点をもとに，取り組んだことを写真や図版を使って比べます。比較することで学んだことを自己評価することができます。

進め方

(1) 活動を振り返る。振り返りの材料として写真・図版などの資料を示す。
(2) 反省点や改善点を出し合う。
(3) 目標を決めて取り組む。
(4) 目標を達成できたか振り返る。(1)で示したものと同じ資料を示して比較しながら，できたこと，達成したことを確認する。

ポイント

この活動では，写真などの資料は欠かせません。活動前後の学習の深まりが，印象的に伝わる資料を提示することがポイントです。

実践事例

環境に優しい調理をしよう
6年生家庭科・理科

3学期の家庭科「近隣の人たちとの暮らし」の内容と，理科「ヒトと環境」の内容をつなげながら，環境に配慮した調理の学習を進めた実践です。

（1）調理実習・みそ汁作りの反省から

1学期の家庭科「ごはんとみそ汁」の学習で気になっていたことがありました。調理実習を行ったとき，「野菜クズの多さ」「水の出しっ放し」「片付けでのキッチンペーパー使用量の多さ」「多量の残食の量」などのもったいないと思えることが多々あったのです。

環境に配慮した調理を学ばせる必要を強く感じました。

「みんなのみそ汁作りの学習は，地域の旬の食材を上手に使った点は大変よかったけど，環境に優しい調理はできたかな？」。そう問い掛けましたが，発言がありません。

環境に配慮した調理について気づいていない子どもたちが多いだろうと予想していたので，前回のみそ汁作りの写真も用意しておきました。

写真や図を黒板に提示して反省点や改善点を話し合う

ビフォー	アフター
以前の調理実習で出た大量の野菜クズ	環境に優しい調理をした結果、野菜クズの量が減った！

　これらの写真を示すと、「水が出しっ放しだと先生に言われた」「ダイコンの皮をもっと薄く切ればよかった」などの発言が相次ぎました。

　そこで、「環境に優しいみそ汁作り」の学習がスタートしました。

（2）環境に優しい調理に挑戦

　調理の過程に沿って、子どもたちから出た「水の出しっ放しをしない」「残さないで食べる」「ダイコンの葉っぱは食べられるって聞いたことがある」「計画して買い物する」などの意見を、「買う」「調理する」「片付ける」「その他」の項目に整理・分類しながら話を進めました。

　さらに家庭での取材で集めたアイデアや知恵・技を、みそ汁作りの手順に沿ってまとめていきました。

　そして、以下のポイントを、ワークシートの「みそ汁作りの手順」の横に書き込み、調理実習をしました。

> ○地域の旬の食材を使う
> ○作り過ぎない
> ○節水を心掛ける
> ○鍋やフライパンの底の水滴を拭いてから調理する
> ○コンロの火は鍋からはみ出さない
> ○水の量を正確に量る
> ○いつまでもぐらぐらと煮ない
> ○皮は薄くむく

　最後に、単元の導入で取り上げた三角コーナーの写真と比較することで、環境に優しい調理が実現できたことを自己評価することができました。

ワークショップの道具箱 column

発問

　発問には、児童に教材に対して思考を促したり、理解を深めさせたりする働きがあります。何を理解させたいのか、何について考えさせたいのかといった先生の意図や目的、内容を明確に持っていることが大切です。発問を一言一句そのまま繰り返し、やむを得ず発問を変えるときも最初の発問をした後、しばらく待った上で行うようにします。発問を安易に考えたり、似た発問を繰り返したりしなくていいように事前の教材研究で発問を吟味しておくことも大切です。

Workshop 23

いつつ見つける

いつつ見つけるとは？

3年生 社会科 短期

資料から気がついたことを数を決めて見つける活動です。資料は，写真，グラフ，文章，イラスト等が考えられます。「いつつ」とは具体的な5つを指しているだけでなく，数を決めて見つけると子どもたちの追究が深まるということを表現した言葉です。見つける活動を通じて，学習課題をはっきりさせる効果があります。

進め方

(1) 資料を提示する。
(2) 何の資料か確認する。写真であれば何を写しているのか，統計資料であれば何年に，どこが調査したものであるかも確認する。
(3) 資料から見つけたことをノートに書き出したり，付せんを使って資料に直接貼ったりする。
(4) 見つけたことを発表する。

ポイント

取り上げる資料によって，5つ見つけよう，3つ見つけようと数を変えるといいでしょう。この際に，3分間で見つける，と時間を決めるといいでしょう。

実践事例

台所のいま・むかし
3年生社会科

　私たちの暮らしの変化は，食において顕著に現れます。例えば，昭和のころの台所と比べてみると，かまどからキッチンへと変わる過程には，台所の構造や電化への変化による家事労働の軽減だけでなく，食生活の変化や薪炭から石油・ガスへの転換などのエネルギー変化までも見えてきます。現在の台所と比較することで，道具の発達や暮らしの変化に気づかせる活動を，3年生社会科の時間に1時間ほど取り上げてみました。

（1）台所にあるものは何？

　「今から，昔の台所の絵を見せます。今の台所と違う所を見つけようね。見つかったら付せんを貼っていくんですよ。時間は5分間。グループで10個見つけてみよう」と説明します。今回の資料は，『東京書籍　新編　新しい社会3・4下』から使用しました。A3の大きさに拡大コピーした絵を各班に配ります。各班には2.5cm×7.5cmの付せんを用意します。見つけた違いを付せんに書いて，今の台所と違う箇所に貼ります。同じ意見の場合には付せんを貼ることができませんから，付せんを増やすために注意深く探します。どんどん付せんが増えていくことが楽しいようです。

（2）違うものを見つけた！

　子どもたちが見つけたことを発表します。意見は，今の台所にはないものと，昔の台所にはないものの両面から発言するので，次のように発言を受けて問い返します。

「かまどがあります」「そうですね。今の台所だったらなんだろう」「コンロです」

「蛇口がありません」「そうですね。昔はその代わりに」「井戸がありました」

「ニワトリがいます」「そうですね。今なら」「…？ 先生,なんでニワトリがいるの」「卵を産ませるんだよ」「そうか,だったらスーパーマーケットだね」

「皆さんのおじいちゃんやおばあちゃんが子どものころの台所と今の台所は,こんなに違っていましたね。この違いからどんなことがわかるかな」と聞きます。「昔は,箸や火吹き竹のように木や竹でできたものが多いので,自然をうまく使っています」「自然にやさしいと思います」「電気製品がないので電気代もかからないからエコです」「確かにそうですね。昔はかまどで燃やしたまきは,再利用していたそうです。燃えた後にできる『おき』を『消しつぼ』に入れて,火を消して炭を作っていました。この炭はすぐに火がつくので便利でした」「すごいね」「工夫していたんだ」

「子どもたちはよくお手伝いをしていました。ところで,便利になった所はどこかな」「ご飯を炊くこと」「水じゃなくてお湯が出る」「そうですね。冬の洗い物は楽になったんだよ。井戸から水をくまなくて,蛇口をひねると水が出るようになったし,

▶付せんを貼る

▼違いを見つけた！

家事って言うんだけど,楽にそして安全になったんだよ」と話します。

「あれ,冷蔵庫の代わりはどうしてたの？」「家の中の涼しい場所に置いたり,保存のできる食べ物を作ったり,それに近くの畑でとれた野菜を」「とってきてすぐ食べる！」「その通り,家でみそを作ったりお漬物を作ったりしていました。だから今とは食べる物も違っていたんじゃないかな」「私もそう思います。だっておばあちゃんの好きな食べ物は,私と違うよ」「ケーキやチョコレートもなかったと思う」,そんな食べ物への関心も出てきました。

教科書

ワークショップの道具箱

column

　教科書は,わかりやすい図表や教育内容を明確に表現した写真,イラストが豊富に掲載されています。ワークショップの活動に教科書の資料は最適です。授業で使用する資料は1時間に1枚を原則として,できるだけ少なくしましょう。また子どもたちが資料を見ることに集中しやすいように,要点を絞った内容とするように心掛けるといいでしょう。

Workshop 24
○○と言えば

> ○○と言えば とは？

6年生 社会科 短期

和食と言えば，何が思い浮かびますか。夏の野菜と言えば。「○○と言えば」は，問われた質問に答えることから始まります。「○○と言えば」の問いから導き出される一般的に思われていることや当たり前だと思っていたことが，実は違っていたことに気がつくと，なぜだろうかと，問いが生まれます。

進め方

(1) ○○と言えば，と聞く。
(2) 子どもたちは，絵に描いたり，思ったことを発表したりする。
(3) 資料を示す。このときに当たり前だと思っていたことが違っていたことに気がつく。
(4) 生まれた疑問を解決する。

ポイント

追求させたい内容に合わせて○○の部分を変えることで，いろいろなテーマに応用が可能です。

実践事例

カレーのふるさと
6年生社会科「日本の歴史」

カレーは子どもたちには大好きなメニューの一つです。調理が簡単で大量に作ることができるので，キャンプの必須メニューともなっています。身近なカレーですが，意外な一面を持っています。6年生の歴史の学習で1時間ほど取り上げました。

（1）カレーの具と言えば

「カレーライスの絵を描いてみよう」という活動から授業は始まりました。ワークシートには，お皿の絵だけ描かれています。カレーの具やご飯，ルーを楽しそうに描いています。「カレーの具と言えば何だろう」，そう聞くと，子どもたちからは「タマネギ」「ジャガイモ」「ニンジン」などが出てきました。「大事なものが入っていないよ」と聞くと，「ご飯」「そうそう」，「カレー粉」「これも忘れていたね」。こうして「米」「ニンジン」「肉」「カレー粉」「タマネギ」「ジャガイモ」というカレーの材料を確認しました。

（2）具のふるさと

「これらの材料はいつごろどこから来たのかな」と問いました。米は「弥生時代に中国，朝鮮から入ってきた」ことはすぐにわかりました。ジャガイモは17世紀にインドネシアのジャガトラ港から，タマネギは18世紀にオランダ船によって，ニンジンは中国から伝えられたことを説明しました。「肉はどうだろう」と問い掛けると，「明治になって食べるようになった」「牛すきってあったよ」「文明開化で肉を食べる習慣が広がりました」と話が続いていきました。

「カレー粉はどうかな」「インド！」「インドがカレーの始まりですが，日本に来たカレーはインドからのものではありません。

どこから来たのかな」,「食べ物が日本にやってきた時期には特徴があるね」「日本が外国と貿易を盛んにしている時だ」「安土桃山から江戸」「明治の初め」,「相手国は？」「オランダ」「中国」,「明治時代ならどこだろうか」「ヨーロッパに違いない」「イギリスかな」「そうです。日本のカレー粉はイギリスから輸入されました」

(3) 文明開化のカレー

「明治時代になってカレーを食べるようになりました。そのころのカレーはどんなカレーだったと思いますか」。子どもたちは当然，それまでに日本に入ってきている，ジャガイモ・ニンジン・タマネギは使われているものだと考えました。

ここで明治5年の『西洋料理通』『西洋料理指南』に載っているカレーのレシピを紹介します。材料を読み上げると子どもたちはびっくりしていました。バター，長ネギ，ショウガ，ニンニク，エビ，タイ，カキ，鶏肉，赤ガエルというレシピでした。タマネギではなく長ネギを使い，ジャガイモやニンジンを入れず，タイや赤ガエルも具にするカレーを知って大変驚きます。今では定番のジャガイモ，タマネギ，ニンジンはまだ一般的ではなかったのです。

続いて，子どもたちに「カレーが広がるのはある大きな事件があったからです。なんでしょうか」，そう聞くと，「有名人が食べた」「震災」となかなか鋭い発言があります。「カレーのよい点は何だろうか？」「おいしい」「早く作れる」「栄養がある」「たくさん作れる」「どこでも作れる」「誰でも作れる」「キャンプで作るよね」「あっ戦争だ」「そうです。軍用食品として最適だったので軍隊に採用されました。戦争が終わると家族にカレーの作り方を教え，どんどん広がっていきました。身近な食べ物に深い歴史があるんですね」

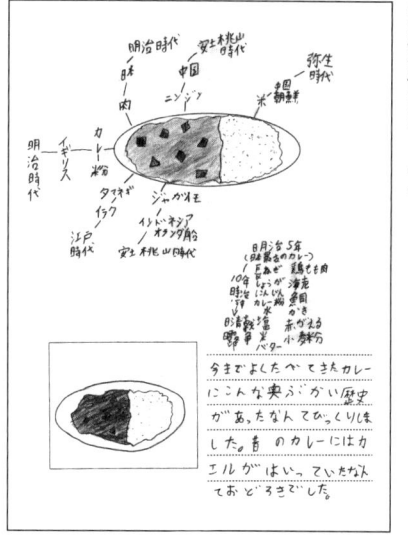

身近なカレーに食文化の発祥や伝搬，変貌や交流の歴史に関わる興味深い事実を知ることができました。

実践事例のワークシート

---

column

インターネット

学習内容に関連する写真や映像をインターネットから活用すると，子どもたちの興味や関心を高め，理解を深めることができます。ただ，教師の一方的な情報提示になる場合もあります。その結果，子どもたちの学習が受け身になってしまうことがあります。主体的に学習を進めていくことのできるように子どもたちの問いを大切にする授業づくりが大切です。

ワークショップの道具箱

Workshop 25

グラフを読む

グラフを読むとは？

6年生 社会科 短期

グラフのよさは，一目で順位の動向や，その差が判断できることです。また傾向・推移の分析も可能です。グラフを読むことを通して，食に関わる内容について多面的に捉えることができるようになります。グラフを読み取り，その結果得られた情報を足場にすれば食に対する理解を深めることにつながります。

進め方

(1) グラフのタイトル，出典，縦軸の単位，横軸の単位を確認する。
(2) 数量の大小や差，最大値や最小値を捉え，項目間の関係を読み取る。
(3) 全体と部分，部分と部分の関係や集団の持つ特徴や傾向を捉える。
(4) グラフから読み取ったことを発表する。
(5) 疑問や新しい課題について話し合う。

ポイント

算数の学習内容や実験・観察をする理科，調査結果のグラフを調べる社会科など教科との関連を図ると理解が深まります。

実践事例

海を渡るかぼちゃ
6年生社会科「日本と関係の深い国々」

かぼちゃは国内産が品薄になる12月から5月ごろに輸入が急増します。需要の周年化が最も進んだ野菜の一つです。この点に着目して6年生社会科で1時間ほど取り上げてみました。

(1) かぼちゃのグラフから

棒グラフを子どもたちに見せます。実際のグラフは「国内産」と「海外産」に分けてありますが，両方の違いがわからないように塗りつぶしたグラフを示しました。「このグラフを見てわかることは何かな」，「2007年のかぼちゃの月別入荷量と1人当たりの消費量の推移です」「東京都中央卸売市場のものです」「3月と9月が入荷量は多いです」，「そう，3月は4,000 t くらい，9月は4,300 t くらいかな。かぼちゃの旬は夏なので9月が多いのはわかるけど，どうして3月が多いんだろうか」と問うと，「ハウスで育てているんだよ」「かぼちゃって保存がきくからきっと貯蔵したかぼちゃだ」「輸入してるんじゃないかな」と答えが返ってきます。

子どもたちの発言を受けて本来のグラフを見せます。「12月からは輸入が国内産より多くなるよ」「夏は輸入は全然ないよ」，「そうだね。かぼちゃの旬でない時期は輸入が多いんだね」とまとめて次に進みます。

(2) どこから輸入しているのか

次に，世界地図を使って「かぼちゃはどこの国から輸入しているんだろうか」と聞きます。「日本と季節が反対の国」「南半球の国」，「いい言葉見つけたね。この赤道からこちらは南半球といって季節が日本と反

対になるから，2月ごろは夏のような気候です。南半球ではかぼちゃがよく成長する夏は日本の冬に当たるんですね」，そう説明しながらかぼちゃを見せます。「スーパーマーケットで買ってきたかぼちゃです。表示を見てみます。ニュージーランドでした。どこかな」，世界地図で探します。

（3）どうして南半球から

「どうしてニュージーランドから輸入しているんだろう」，そう聞いてみると「冬は日本で作っていないから競争相手がないから売れる」「5年生の時に野菜を季節をずらして育てると習った」，そんなことを答えてくれました。

「まだほかにかぼちゃを輸入している国があります。どこだろうか」と問いながら「東京都中央卸売市場におけるかぼちゃの輸入先相手国別輸入量の推移」のグラフを見せます。「トンガってどこだ」と早速探し始めます。「やっぱり南半球だ」とわかります。「メキシコは…あれ!? 南半球じゃないぞ」，メキシコの位置を見つけた子どもたちから疑問が生まれます。

「気候がかぼちゃに合っているんだろうか」「作りやすいからいっぱい作っているのかな」「赤道に近いから暖かいから作りやすい」「おいしいのかも」

◀ かぼちゃの輸入先を確かめる

◀ グラフからかぼちゃの入荷を読み取る

子どもたちのそんな意見を受けて次のように話しました。「かぼちゃは日本にはカンボジアという国から入ってきました。カンボジアの名前がなまってかぼちゃになったのです。かぼちゃの原産地はメキシコです。メキシコのかぼちゃは甘くてほっこりしていておいしいんだそうです。輸入される野菜の中では唯一と言っていいほど輸入の方がおいしいのだそうです。だからメキシコから輸入されています。最近は，日本の農家も負けないようにおいしいかぼちゃを作るように努力しているそうです」

グラフ

ワークショップの道具箱

算数科では，2年生で「表やグラフの形に表したりすること」（絵や図を用いた簡単なグラフ），3年生で「棒グラフ」，4年生で「折れ線グラフ」，5年生で「円グラフ」「帯グラフ」が内容として挙げられています。各学年でどのようなグラフを学習するのかを知っておくと，掲示物や配布資料がその学年での指導内容に即したものとなり，効果が上がります。

column

Workshop 26

フォトランゲージ

フォトランゲージとは？

6年生 社会科 短期

写真やイラストなどをよく見て意味を考えたり，疑問を生み出したりする活動です。食材や料理の写真，イラストをもとに生産や消費の場，食文化や食生活に対する気づきや発見を出し合う活動です。

進め方

(1) 授業のテーマに関わる写真やイラストを見せる。
(2) 写真やイラストから感じた疑問点をできるだけたくさん出す。
(3) 思ったことを発表する。
(4) 発表をもとに，疑問に思ったことを調べたり，次の学習活動への意欲を高める。

ポイント

子どもたちが写真をじっくり観察することのできる時間をとることが大事です。写真の一部を隠して提示したり，いくつかの断片に切って提示したりすることによって，気づかせたい部分に焦点を絞るようにする工夫も効果的です。

実践事例

世界のすし
6年生社会科「日本と関係の深い国々」

日本料理や食材が世界の食卓に急速に浸透しています。

その代表がすしです。外国で食べられているすしの写真をもとに，食を通して世界とつながる日本について学習する6年生社会科の内容です。

（1）すしの写真を読み取る

すしが写っている写真を見せます。写真はALTにお願いして，アメリカの友人にすしを食べている写真を撮ってもらって送っていただきました。子どもたちは，すしだ！ 食べたい！とすぐに盛り上がります。でもあれ？という顔をしています。

「先生なんだか違うよ」「そうですか。では，気がついたことを出してみよう」，そう話します。子どもたちからは「一つひとつが大きい」「巻き物が多い」「巻いてあるのなんだろうか」「全体的にでっかいよ」「量が多い」「これ，どこのすし屋さん？」，そんな発言が相次ぎます。

次に，すしを食べているアメリカ人の写真を見せます。「すしを食べている！」「この人だれ？」（ここでALTの友人であること，アメリカのすし屋さんの写真であることを説明します）。「外国でもすしが食べられるの？」と驚いている子もいれば，カリフォルニアロールのことも知っている子まで，さまざまです。

（2）すしの人気の理由

「すしが外国でも人気だそうです。どうしてだと思う？」，子どもたちにそう聞きます。付せんを1枚ずつ渡して，理由を書

いて黒板に貼ります。子どもたちの意見は，次のように分けられました。
○健康的：低カロリー，肥満防止，バランスがいい，ヘルシー，栄養満点
○保存性：保存がいい
○美味：おいしい，口に合う
○手軽：シンプル，早くできる，食べやすい
○日本特有：見た目がきれい，珍しい，日本にしかないから

　検討する余地のある意見もたくさん出てきました。例えば「手軽」で言えば，ハンバーガーなどと比較しながら学習を深めることもできます。保存性の面からも，伝統食などを取り上げて学習を深めることはできます。こうした教材性の側面からもすしは大変大きな価値を持っていることがわかります。今回は，日本食を通じて世界につながっているという内容につなげることを重視しましたので，子どもたちから意見を出しただけにして次に進みました。

（3）新聞記事から

　『毎日小学生新聞（2007年2月11日）』の「日本食レストラン」という記事を教材に，冒頭の「低カロリーで健康的」を○○○○○で○○○と隠して見せました。以下のような記事をもとに答えを想像します。

　低カロリーで健康的だと，日本食が海外で人気です。フランスの首都パリには「日本食レストラン」を名乗る店が約600店ありますが，中には「これが和食？」と日本人が感じるものも多いそうです（以下，正統派の日本料理店を選定したり，農林水産省が，海外の日本食の「優良店」を支援する制度をつくる動きもありますと紹介）。

　「日本食が人気なのは，日本食に低カロリーで健康的だというイメージが定着してきたからです。日本の代表的な調味料，しょうゆやお酢も輸出されています」，こう話して授業を終えました。

　今回の日本食ブームのテーマは，例えば日本食材の輸出（しょうゆ，酢，緑茶，みそなど），外国語になった日本語の内容にもつながるいい教材です。

◀すしの写真

日本食が人気な▶
理由

---

column

メニュー

　イギリスでは，回転ずしを「コンベア」と呼んでいます。日本とは違ったメニューも登場しますし，水は1ポンドで120円ほど（2012年7月現在），お茶は1.5ポンドで売られています。レストランのメニューの内容には地域の食文化が見えてきます。同じチェーン店でも東日本，西日本でのメニューの違いが出てくるでしょう。ここに教材開発のポイントがあります。

ワークショップの道具箱

Workshop 27

イメージする

イメージするとは？

🔟年生 📖国語 ⏰短期

写真や絵を通して，自分の体験や言葉を引き出す活動です。写真や絵から思うことや感じたことを言葉にし，一人ひとりが想像したことをもとに話し合う活動です。グループのメンバーの一人ひとりの発見や気づきをホワイトボードに書き出したり，付せんでまとめたりする方法も生かしながら，多様な考えを引き出す手法です。

進め方

(1) 資料を提示する。提示する資料は，写真，絵など視覚的な情報が主になる。
(2) 思いついた言葉や想像したことを発表する。
(3) ホワイトボードや付せんに書き出して，ホワイトボードを使ってブレスト（82p参照）でまとめることで，より効果的になる。

ポイント

参加者全員が想像力を十分に働かせ，伸び伸びと自由に考える雰囲気をつくるようにしましょう。子どもたちが感じたことや表現を互いに尊重するように配慮します。

実践事例

食感の言葉
6年生国語

日本語には食感を表す言葉が多いといいます。その代表が擬音語，擬態語。「ホクホクした焼きいも」「コリコリしたたくあん」「シャキシャキのレタス」。こうした言葉には，実際に自分がそれを口にしていなくても，そのおいしさを思い浮かべるよさがあります。言葉は食文化を伝えていく上でとても大切です。食感を表す擬音語・擬態語について，国語の時間に2時間ほど取り上げてみました（今回はその1時間目の部分を中心に紹介します）。

(1) 食感を表す言葉

黒板に「ガム　　　を食べる」と書き，この空いた所にどんな言葉が入るかなと聞きます。子どもたちは「クチャクチャ」と答えてくれます。「こういう言葉を擬音語・擬態語といいます。ほかにどんな言葉があるかな，食べるときに使う言葉で考えてみよう」と話します。

(2) ご飯・のり・梅干しの写真から言葉を見つける

「ご飯」の写真を見せます。お茶わんから湯気が立ち上っています。思いつく言葉を発表させます。すると，「ほくほく」「ほっかほか」「てかてか」「ぴかぴか（米粒の表面の様子から）」「もちもち」などの言葉を

配布したご飯とのりの写真

挙げました。次は「のり」の写真。「パリパリ」「ザラザラ」「サクサク」「バリバリ」の言葉が出てきました。

3枚目の「梅干し」の写真をグループに1枚ずつ配ります。ホワイトボードに思い浮かぶ言葉を書いていきます。ご飯やのりよりも難しいようで、すぐには言葉が浮かんできません。身振り手振りを交えて言葉を探しています。ホワイトボードに書いた言葉を発表していくと、次のような言葉が出てきました。「しわしわ」「ふにゃふにゃ」「プニュプニュ」「カリカリ」「ゴリゴリ（硬い梅干しのようです）」

（3）擬音語・擬態語から思い浮かぶ食べ物を当てる

次に、各グループに1枚ずつ付せんを配ります。付せんにはそれぞれ「かき氷」「ラーメン」「きな粉パン」「ハンバーグ」「ポテトチップス」と書かれています。グループごとに、ほかのグループにはわからないように席を離して相談しながら、担当する食べ物の食感を表す言葉をホワイトボードに書いていきます。子どもたちの考えた言葉を順番に発表させ、それをヒントにみんなで食べ物を当てて楽しみました。一部を紹介します。

■ツルツル、ずるずる、ずーずー、チュル

ラーメンから思いつく言葉を出し合う

チュル　　　　　　　　答え：ラーメン
■シャリシャリ、キーンキーン、ザクザク、ガリゴリ　　　　　答え：かき氷

授業はその後、食感を表す言葉をもとに、食べ物を思い浮かべる活動（例えば、【こりこり】漬物、骨付きチキン、軟骨、タコ、キュウリ、ナタデココ。【ツルツル】ラーメン、そうめん、うどん、ゼリー、氷）をして楽しみました。

[子どもの感想]

○いろいろな言葉が出てきてびっくりした。自分が思っていたのとみんなが思っているのが違っていると普通は嫌だけど、とてもいろいろあって面白かったし、言葉が面白くなった。

ワークショップの道具箱

資料

事例のように写真1枚でも子どもたちの活動は進みます。あれもこれも伝えたい、教えたいとたくさんの資料を黒板に貼ったり、子どもたちに配ったりしても、子どもたちは消化不良を起こしてしまいます。提示する資料は少なくして、資料をめぐって語り合ったり経験を引き出したりする工夫（資料の質、提示の場面、問い掛け等）をすることが大切です。

column

Workshop 28

もしも

6年生 **理科** **短期**

もしも とは？

「例えば〜ならば」と，ある状況を想定して考えてみると，意外な発想やよいアイデアが浮かんできます。自由に考えることで，子どもたちも発言がしやすくなります。グループのメンバーの一人ひとりの発見や気づきをホワイトボードに書き出したり，付せんでまとめたりする方法も生かしながら，多様な考えを引き出す手法です。

進め方

(1)「もしも〜ならば」と仮定する状況を説明する。設定された状況で思いついたことをホワイトボードや付せんに書き出す。
(2) ホワイトボードを使ってブレスト（82p参照）でまとめる。付せんも活用する。

ポイント

できる限り具体的に状況設定を行います。テーマに沿った話し合いや活動を十分に行うことで，学習内容と全く離れた事柄や根拠の乏しい意見が出ることが少なくなり，「もしも」の効果が深まります。

実践事例

非常食の条件
6年生理科「大地の変化」

防災の視点から食を考えます。理科「大地の変化」の「防災」に関連させて「非常食」について1時間取り上げてみました。

(1) 乾パンを食べる

防災グッズについて話し合う中で「乾パン」の話題が出てきました。ほとんどの子が食べたことがないので，缶を開いて乾パンを食べてみることにしました。「しっかり封をしているんだ」「プルトップだから缶切りが必要ないんだ。よくできているね」「賞味期限は？」「5年！」「長い！」「さすが乾パン」，そんな声が上がります。

中に氷砂糖が入っています。「どうしてかな」と問うと，「糖分でエネルギーの補給だ」と答えてくれました。おいしい，口の中がパサパサする，水が欲しいと言いながらにぎやかに乾パンを食べました。

(2) もしも，非常食を用意するとしたら

次に，「非常食を用意するとしたら，どんなものを準備しますか？」「缶詰！」「アメ！」，子どもたちは発表する気満々です。そこで「リュックサックの絵を書いてごらん。乾パンのほかにどんな食べ物を入れるかな」と指示します。子どもたちは，ドロッ

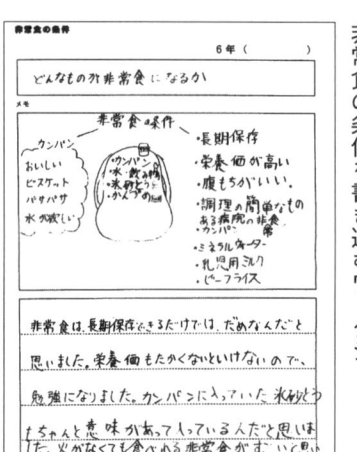

非常食の条件を書き込むワークシート

プ・缶詰・インスタント食品・昆布など長期保存ができる観点から，リュックに入れる食べ物を選んでいきました。次に，一人ひとりがワークシートで考えたリュックに入れる食べ物を，グループごとにホワイトボードに書き出していきます。昔からある梅干し，昆布，スルメも非常食になることを話しました。乳児用ミルクも必要だと話すと，「そうだ赤ちゃんのこと考えてなかった」と気づいてくれました。

（3）非常食の条件とは

「非常食に合う食べ物はどんなものかな。条件を話し合ってみよう」。子どもたちは，自分で考えた条件を付せんに書いて，ホワイトボードに貼っていきます。「もしも」の活動前には，長期保存の条件に気づいているだけでしたが，次のような条件が出てきました。栄養的な条件（高カロリー，糖分，ビタミンがとれる，赤・黄・緑のそろっているもの），運搬・保管（持ち運びに便利，割れにくい），調理に手間が掛からない，腹持ちがよいなどが出てきました。

（4）氷砂糖の意味

「乾パンに氷砂糖が入っているのは，エネルギーを補給するという意味のほかにもまた違った理由があるんだよ」，そう問い

非常食になる食品の条件を考える

掛けましたが，子どもたちは気がつきません。「乾パンと一緒に食べることによってだ液が出やすくなり，水がなくても食べやすい」，こう説明するとビックリしたり，感心したりでした。

[子どもの感想]

○非常食はただ長持ちする，食べやすい，それだけだと思っていたけれど一つの食べ物に何十もの役割があることがわかった。非常食の大切さが少しわかった気がする。
○乾パンは，ぱさぱさしていて水が欲しくなるけど，氷砂糖があるとつばが出てきてすごく食べやすくなると思う。このことを考えた会社の人はすごく，考えて考えて見つけたことだと思う。
○非常食にはたくさんの種類があることがわかった。インスタント食品は災害の時に役立つことをはじめて知った。この勉強をして家でも非常食を持っておこうと思った。

---

column

勇気の出る言葉

ワークショップの道具箱

子どもたちが話し合うときに「勇気の出る言葉を使おうね」と指示します。発言者の意見を受けて，「ああ，そうか」「それはいいな」「へえ，そんなこともあるんだ」「いいなあ」というような積極的で肯定的な言葉を意識して出すように指示します。そうするとグループ内で意見が出しやすい雰囲気が生まれ，活発な話し合いができます。

Workshop 29

だんだん

だんだんとは?

4年生 / 学級活動 / 短期

同じルールの中で"意味ある繰り返し"をすることを通して問いが生まれ,興味が深まる手法です。ルールを変えないことで学習者は安心して活動に没頭できます。そこから学習が深まります。

進め方

(1) 資料を提示する。あるいは問いを出す。
(2) 同じような資料を提示する。あるいは取り上げる素材を変えた問いを出す。これを何度か繰り返す。
(3) 気づいたことや疑問に思ったことについて聞く。

ポイント

この活動では,資料の提示の順序や活動の順番が重要になります。子どもたちが方法に慣れることで対象への理解に集中できます。また,ねらいに応じた提示の順序性が資料の価値を高めることにもつながるのです。例えば,次のようなクイズでも提示の順序性が重要です[『食品を推理せよ!』ゲーム(30p参照)]。

① 大豆,凝固剤(塩化マグネシウム),消泡剤
② 小麦粉,卵,砂糖,水飴,着色料(βカロテン)
③ 白飯,カツオ,のり,アミノ酸,pH調整剤,ソルビット
④ 小麦粉,植物油脂,でんぷん,食塩,しょうゆ,肉エキス,カツオエキス,卵,香辛料,鶏肉,にんじん
⑤ 砂糖,果糖,ゼラチン,でんぷん,ゲル化剤,酸味料,香料,着色料(カロテン),バナナ濃縮果汁

答え:1 豆腐 2 カステラ 3 おにぎり 4 カップ麺 5 キャンディ

①の豆腐は多くの子どもがわかったと言います。その時にこの活動のルールが理解できるのです。後は,「ソルビットって何だ?」「何で入っているんだろうか」「そんなにいろいろなものが入っていていいの?」「わからないものが入っているけどいいのかな」といった疑問が子どもたちの口から出てきます。このように,提示の順番を検討することで子どもの意見を引き出すことができるのです。

実践事例

箸を正しく持とう
4年生学級活動

箸の持ち方は日本の食生活の基本です。日本の食文化とは切っても切れないはずの箸ですが,スプーンやフォークを使う料理が増え,箸を上手に使えない子どもが増えています。箸の正しい使い方に関心を持たせる,4年生学活の1時間の授業です。

(1) ソラマメを箸で運ぶ

はじめに,子どもたちにソラマメをさやごと渡します。大きなさやに子どもたちは

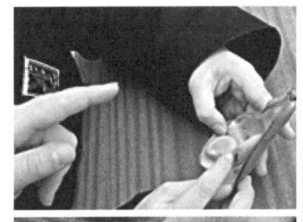

ソラマメとエンドウマメをさやから取り出す

ダイズを箸で運ぶゲームに苦戦する子どもたち

びっくり。さやの中からソラマメを取り出します。出てきた豆の大きさにまたまたびっくり。豆に対する関心が一気に高まります。

紙コップと箸を渡して,「箸を使って,この紙コップの中にソラマメを入れてごらん」と話すと,どの子も「簡単だよ」「つまみやすいよ」「でも大きな豆だね」と笑顔で話しています。

(2) エンドウマメはやや難,ダイズは一気に難!

次にエンドウマメを渡します。エンドウマメの筋を取ることを説明します。さやの中から出てきたエンドウマメを見た子どもたちは「これ食べたことあるよ」「丸いなあ」「ご飯に入れるとおいしいよ」と大喜びです。紙コップを渡して,「今度はエンドウマメを箸を使ってこの紙コップの中に入れてごらん」と話すと,自分たちで数を数えて競争し始めます。今度は,ソラマメと違ってうまくできない子もいます。

グループ全員(4〜5人)が箸を使ったところで,「上手に豆を運んだ子がいましたね,どこがよかったのかな?」と聞くと,箸の持ち方がよかったからだと答えてくれます。「どんなふうに箸を持てばいいのかな」について話し,正しい箸の持ち方を確認しながら,もう一度やってみます。

続いて,ダイズでも同じようにやってみます。エンドウマメと同じように丸いのですが,大豆は乾燥しているので,一気に難易度が上がります。

豆を運ぶゲームを楽しんだ後は,①箸のマナーを知る,②箸の正しい持ち方を知る,③今日の学習でわかったことを日常の食生活にどのように生かしていくか考える──このような流れで学習を進めました。

ワークショップの道具箱

教師の立ち位置

黒板をずっと背にしていては子どものつぶやきは拾えませんし,また座っている子どもの前に立っていては,どうしても上からの目線になってしまいます。グループ活動では子どもと一緒に考え,子どもの発表を子どもの席から聞き,そこから全員に投げ掛けても大切な言葉やメッセージであれば子どもは受け止めてくれるでしょう。

column

Workshop 30

もとたどり

もとたどり とは？

6年生　家庭科　短期

食べ物が何からできているかグループで相談しながら，もとにもとにと，さかのぼっていく活動です。活動を通して，食べ物をたどると，植物にたどり着くことを理解するとともに，もとにたどることを考える過程で疑問が生まれ，食べ物がどのようにできるのか，関心を高めることができます。

進め方

(1) 4つ切りの画用紙を配る。画用紙の中央に料理名や絵を書く。
(2) グループで，テーマとなっている食べ物がどのような食材でできているかを話し合う。
(3) すべての食材を植物までたどる。食材からその源である植物に至るまでの経路を図化する。
　例：カレー ― 肉 ― 牛 ― 牧草 など
(4) 「この活動でわかったことや疑問に思ったことは何ですか？」と問いながら，子どもたちと話し合う。

ポイント

小学5年生の社会科「農業生産」，小学5・6年生の家庭科「日常の食事と調理の基礎」，小学6年生の理科「ヒトと環境」で活用できます。給食の献立表は食材が示されているため，テーマとして取り上げやすいでしょう。もとたどりの経路がわからなければ，図書館やインターネットで調べる活動につなげるとよいと思います。

実践事例

みそ汁のもとをたどろう

6年生家庭科

理科「ヒトと環境」での学習を受けて，みそ汁に使われている食材を考え，もとをたどります。

みそ，麹，だしなど「もとたどり」の活動を通して生まれた疑問をみそ汁作りにつなげた家庭科の1時間の事例です。

（1）もとをたどると

「理科の時間にカレーのもとたどりをしましたね」「カレーに使う食べ物はどれも最後には，植物に行き着くことがわかりました」「そうですね。植物は人間を含むあらゆる動物の命を支えています。今日はみそ汁のもとをたどってみよう」と話します。

子どもたちは，渡された画用紙の中央に

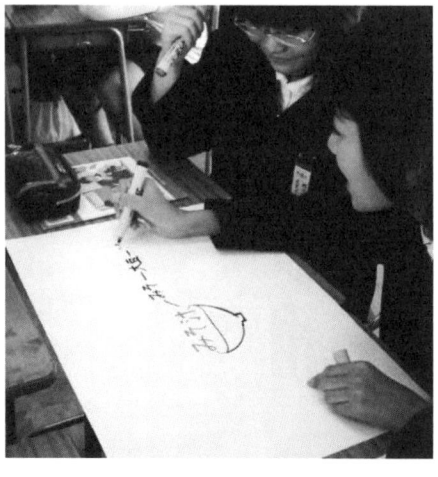

中央に「みそ汁」と書いて始める

おわんの絵を描きます。その上に「みそ汁」と言葉を添えて,「もとたどり」が始まりました。「みそ」という言葉から,「原料は大豆, 大豆はダイズ。植物まで行き着いた!」。理科の学習を経験しているので,食物のもとをたどれば, すべて植物に行き着くことは理解しています。

「みそは,大豆だけでできるんだっけ」「ほかにも何か使うの?」と, 話し合いが始まりました。国語辞典を取り出して調べています。「麹と塩で…」「麹って何?」, みその言葉の周囲に「麹」「塩」が付け加えられました。

◀ もとをたどっていく

▼ 気づいたことや疑問点を付せんに書いて貼っていく

(2) みそ汁に入る野菜

隣のグループではみそ汁に入れる野菜を書いています。ネギ, ニンジン, ジャガイモ,「家によって違うんだ」「季節の野菜なら何でも入る良い点があるんだね」, こんな言葉を掛けました。「豆腐も入るよ」「豆腐は, 大豆でできる」「みそと同じだ!」, 活発な話し合いが続きます。

(3) みそ汁のいいところ

各グループで取り組んだ成果を黒板に貼り出します。順番に見ていきながら疑問に思ったことや気づいたことを付せんに書いて貼ります。

「私の家と友達の家のみそ汁の具が違う」「具にはいろいろな野菜が使えるんだ」「だしにはたくさんの種類がありそうだと思った」「麹って辞書を読んだだけではわからない」など疑問も出てきました。

「みそ汁は, だしとみそ, 具がそろっていればできるので作り方は簡単なのですが, いろいろな具を入れることで栄養が豊富になり, 私たちの生活には欠かせない大切な料理です。次の時間はみそ汁作りに挑戦しましょう」, そう話して授業を終えました。

---

column

8色のペン

画用紙や模造紙に書くときに使うペン。裏写りしないペンが最適です。3色では少ないですが, 12色は必要ありません。文字を書くときには黄色やオレンジは見えにくいので使わないようにします。太字と細字が両方使えるペンが便利です。模造紙や画用紙に書くときには太字の方を使うと印象的な字になります。

ワークショップの道具箱

Workshop 31

ブレスト

ブレストとは？

6年生／家庭科／短期

グループのメンバーでたくさんの意見を自由に出すことで，新しい気づきが生まれます。「批判厳禁」「質より量」のルールを守って自分の考えやアイデアをできるだけたくさん出す手法です。正式には，ブレーンストーミングと言います。

進め方

(1) グループごとに記録係を決める。
(2) テーマ（話し合うこと）を赤の専用ペンでホワイトボードに書く。
(3) 時間（5分程度）を決めて，メンバーは自由に意見を出す。出てきた意見を記録係は書き留める。
(4) 出てきた意見を紹介し合う。

ポイント

ブレスト中は，考えやアイデアを否定したり批判したりすることがないようにします。「そうだね」「なるほど」「いいなあ」「そうか」など，子どもたちには「勇気の出る言葉を使おう」と説明します。できるだけたくさんの意見を出すことが大切です。

実践事例

おにぎりのパッケージを考えよう
6年生家庭科「食品表示を学ぼう」

食品の品質表示からどんな情報が得られるのかに関心を持たせ，食品添加物の存在に気づかせる1時間の授業です。

（1）ブレストをしよう

梅干しを具にしたおにぎりを想定します。「このおにぎりを販売するとしたら，パッケージにはどんなことを載せるかな」と問い掛けて，「おにぎりのパッケージを考えよう」とめあてを確認します。

パッケージに表示するために必要な情報について，4～5人のブレストを通じて自由に話し合わせます。

（2）話し合ったことを紹介しよう

話し合ったことをグループごとに発表していくと，次のような意見が出てきました。

［ネーミング・値段・重さ・賞味期限・作った会社の名前・使用したもの・栄養成分・具の名前・作った人・材料・作った日・内

ホワイトボードに記入

容量・めくってはがす順番・おいしいという文句・カロリー]

　この発表の中で、「消費期限」と「賞味期限」の話が出てきました。おにぎりにはどちらが載っているのかということが話題になりました。

　2つの違いを簡単に説明して消費期限が載っていることを話しました。また、名称、保存方法、宣伝なども載っていることを付け加えます。

(3) パッケージを確かめよう

　おにぎりのパッケージに書かれている情報について話し合った後は、本物で確かめます。3店のコンビニで買ってきたおにぎりのパッケージをカラーコピーしたものをグループに配布します。

　子どもたちは食い入るように見ています。「1包装当たりって算数で習った単位量だ」「おにぎりって書いてあるのとおむすびって書いてあるのがある」「保存方法が色を変えて書いてある」「消費期限の方だね」「保存料・合成着色料は使用しておりませんってどういう意味だ」「ということは使うこともあるのかな」

　子どもたちの反応がひとしきり出たところで聞きます。「ところでみんな原材料名はこれでいいのかな」

実際のパッケージで確かめる

　実は、子どもたちに渡したパッケージのカラーコピーには、ご飯、塩（塩飯）、のり、梅のほかの原材料は隠してあったのです。「先生、これって字が隠れているような感じ」「そう、先生がカラーコピーするときに隠したんだ。この隠れている所には何があるのかな」、こう聞きました。

　難しかったようで、ほとんど答えられませんでした。ご飯、塩（塩飯）、のり、梅以外の材料が入っているようには思えないようでした。

　隠していない方のカラーコピーを渡します。調味料、pH調整剤、乳化剤、酒精、トレハロース、酸味料、酸化防止剤、香料と、黒板に以上のものを書いて、子どもたちの「えー！」という声と共に授業は終わりました。

ホワイトボード

ワークショップの道具箱

　乾いた布やティッシュでふくと簡単に字を消せるので、何度も繰り返して書き消しができる点が優れています。書くことへの抵抗感が和らぎます。グループの数だけのホワイトボードを用意します。45cm×60cmの大きさの物が使いやすいようです。専用のペンを使用します。

column

Workshop 32

グルーピング

グルーピングとは？

6年生 ／ 国語 ／ 長期

グループのメンバーの一人ひとりの発見や気づきをカードに書き，カードをグループ化していくという方法でまとめていきます。出されたたくさんの意見やアイデアをまとめていくことで，新しい気づきが生まれます。ＫＪ法（東京工業大学名誉教授・川喜田二郎氏がデータをまとめる際に考案した手法）を基にしています。

進め方

(1) テーマについて考えたことや調べたことをカード（付せん）に書き出す。
(2) 集まったカードを分類する。同じカードは重ねて貼る。同じような内容のカードをまとめてグループを作る。
(3) グループができたら，そのグループ全体を表す言葉を見つける。
(4) 1枚の模造紙の上にカードを置いて仕上げる。グループ間の関係を特に示したいときには，それらの間に線を引く。

ポイント

カード1枚には一つの事柄を書くことが大切です。また，1枚のまま残るカードがあっても無理に他のグループと一緒にしないようにします。アイデアや意見をカード等に書くことで，発言者とその発言を切り離し，その発言内容に対する意見を出しやすくします。カードを増やしていくという簡単で楽しい方法によって，子どもたちのたくさんの意見を引き出すことができます。

実践事例

調理の言葉
6年生国語

家庭科での調理実習をもとに，調理の言葉を取材してまとめる学習をしました。調理に関係する言葉を集めて言葉の世界を調べたのです。6年生の国語の学習で3時間ほど取り上げてみました。

（1）調理の言葉を集める

「調理に使う言葉を集めよう」と家庭学習で取材させました。1時間目は集まった調理の言葉を整理する活動を行いました。十分に聞き取りできなかった子には国語辞典で探させます。取材ノートや国語辞典で見つけた言葉を出し合って，付せん1枚に一つの言葉を書き出します。

（2）言葉の仲間分け

次に，グループで話し合って出されたたくさんの付せんを移動させ，言葉のまとま

言葉を付せんに書く

模造紙にまとめていく

りを作ることで仲間分けしていきます。この活動ではグループで相談して仲間分けすれば正解はありません。「ここは包丁を使う系で」「こっちは蒸すと蒸らすで蒸気を使う方…」「炒めると焼くは火を使う系」「いちょう切りやせん切りは切り方の仲間」「ところで蒸すと蒸らすってどう違うんだ？」。

今度は，仲間分けの解釈を通して議論が自然に始まります。「絡めるとまぶすって液体と固体の違いなのかな？」「溶くと溶かすは違うんだよ」「一緒だと思ってた」「溶くってなんだ？」「小麦粉をほらこうやってすることだよ」。動作を交えて説明しています。子どもたちが生活の中で言葉を獲得していく過程が見えたような気がしました。こうして整理できたら言葉の周りに関係する絵を描きます。調理器具も描いていきます。絵に表現することで意味を獲得している子もいます。

（3）謎が生まれる

出来上がったところで，どんなふうにまとめたか簡単に報告し合います。他のグループの話を聞きながら，意味のわからない言葉をワークシートに書きます。グループの話し合いで「悩んだ言葉」「初めて知った言葉」もワークシートに書き留めておきます。あえる・さらす・ビックリ水などが，

まとめた結果を発表する

悩んだ言葉や初めて知った言葉として挙がりました。「蒸すと蒸らす」「絡めると合わせると混ぜる」など調理の言葉の違いの謎が浮かび上がりました。

3時間目には，この謎を解決していくために国語辞典で意味を調べました。多くの言葉は国語辞典で意味がわかったのですが，それぞれの意味の違いまでは今ひとつピンとこないところもありました。

そこで職員室で先生方に聞きました。「蒸すと蒸らすはどう違うんですか」「ご飯を炊くときにするでしょ。蒸らすは火を止めている状態で…」，「絡めると混ぜるは？」「大学いものように，表面に味をつけるのが絡めるで…」，するとイメージできました。国語辞典の意味ではつかめなかった違いがはっきりとわかったのです。「炊飯」や「大学いも」という具体的な体験や物を通して意味がわかりました。

体験を通して学ぶとはこういうことなのでしょう。体験の重要性を実感しました。

ワークショップの道具箱

付せん

「付せん」というカード型の用紙には，弱いのりが付いていて，何度も貼ったりはがしたりできます。必要に応じて別の場所に貼り直したり，破棄したりできるのでワークショップには必須の道具です。記入する際にはのり面が上部にくるようにします。なるべく大きな文字で，簡潔な文章で記入します（鉛筆やボールペンでなく，サインペンを使用する）。7.5cm×7.5cmの付せんが子どもの活動には最適です。

column

ことばまっぷ

Workshop 33

ことばまっぷとは？

4年生／国語／短期

言葉は体験と結び付くことで実感的に理解されます。体験したことが言葉を引き出し，見つけた言葉は異なる体験につなげてくれます。そうして，言葉の世界が豊かになっていきます。ある言葉に関連する言葉や事柄を言葉の地図に表現します。言葉の世界をウエッビングマップのように図式化する手法です。

進め方

(1) テーマとして取り上げた言葉に出合った体験について紹介する。
(2) 取り上げた言葉に関係する言葉や事柄を子どもたちが付せんに書く。
(3) 考えさせたい内容ごとに付せんを子どもたちと一緒にまとめていく。
(4) まとめられた内容について説明する。

ポイント

(4)の段階で，言葉が体験と教科を結んでいることや生活の事象と教科の内容をつなげていることなどを話します。そのために気づかせたい内容について十分に検討しておくことが大切です。

実践事例

蒸すってなあに
4年生国語

「ホウレンソウの蒸しパン」を作った体験をよりどころに，「蒸す」に関わる言葉を思い出します。調理の言葉への関心を高める4年生国語科での学習です。

(1)「蒸す」から連想する言葉を出し合う

「ホウレンソウの蒸しパン」を作ったことを振り返ることから学習は始まりました。「蒸しパンの生地を蒸し器で蒸しましたね。蒸したときに何を見つけたかな？」「湯気がいっぱい出てきました」「ふたを取ると蒸しパンが膨らんでいました」。子どもたちが経験したことを語ります。

「蒸しパンを作ったときに出合った『蒸す』に関係する言葉を集めてみましょう」と言いながら，子どもたちに付せんを配ります。子どもたちは1枚の付せんに一つの事柄を書きます。黒板には「蒸す」と書かれています。その周辺に，一人ひとりが付せんを貼っていきます。子どもたちが付せんを貼る作業を手伝いながら，大まかな整理をしていきます。水蒸気などの理科で登場した言葉，シューマイなどの料理名，ゆでるなどの調理の言葉に分けます。

(2) 理科の学習なんだ

「湯気」「水」「液体」「水蒸気」「気体」「ふっとう」「水のつぶ」といった，理科の学習内容につながる言葉のグループに注目させます。

「この言葉ってどこかで習ったよね」「理科の時間に習いました」「水の変身のことです」「そうですね。理科で勉強した，水が温度によって姿を変えるということを蒸

しパンで勉強できていたんだね」。さらに続けて話します。「水を温めて沸騰させ，出てきた水蒸気で調理する。冷えたら湯気が見える。水滴も付く」，このように，理科の学習内容である「水の三態変化」につなげながら「蒸す」ことを説明します。

（3）「蒸す」料理を探す

「蒸すに関係することは理科の勉強につながっているんだよね。『蒸す』ことでできる料理はあるかな」と話を料理の世界へ広げていきます。子どもたちからは，「あんまん」「ピザまん」「蒸しギョーザ」「茶碗蒸し」などの意見が出てきます。「いろんな食べ物が出てきたね。ところでどうして蒸すといいんだろうね」と，蒸すことの利点を考えます。「軟らかくなるから」「おいしくなる」「色が濃くなる気がする」「蒸しパンのときに生地が膨らんで大きくなったよ」，こうした意見が出てきます。

（4）「蒸す」ことのよさについて話し合う

ここで栄養教諭の登場です。軟らかくなって食べやすくなる，栄養素が溶け出さない上に油を使わないので，栄養がギュッと詰まってヘルシーなこと，水蒸気が気体なので食品がどのような形をしていても熱が食品全体に行き渡るからムラがなく調理できる，という話をしていただきました。

さらに，「蒸す」は水を沸騰させて出た水蒸気の熱で加熱する，「蒸らす」は火を止めて調理器具の内部に残った熱や水蒸気を閉じ込めて調理する方法，というそれぞれの違いや，「蒸す」と「ふかす」は同じ意味で，蒸したいもののことを「ふかしいも」と言う，といったお話がありました。子どもたちは「蒸す」という言葉を足場に，理科と調理の世界，そして生活の中の調理の言葉へ関心を向けることができました。

◀ 蒸すに関係する言葉を見つける

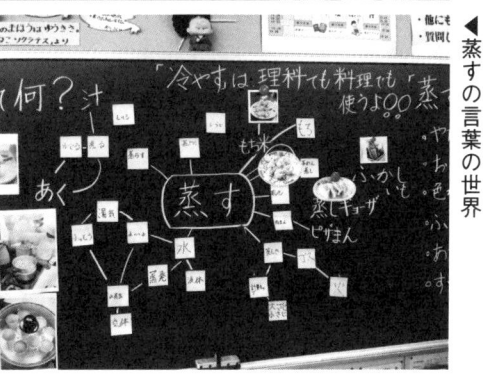

◀ 蒸すの言葉の世界

---

column

黒板

黒板は教師だけが使うものではありません。子どもたちが使う場面を意図的に取り上げていきましょう。多様な意見を整理したり，一人ひとりの考えを全体で共有したり，重要な内容を説明したりするときの黒板の利点に気づいた子どもたちは，黒板を使って主体的に学習を進めていくようになります。

ワークショップの道具箱

Workshop 35

ポスターセッション

6年生　社会科　長期

ポスターセッションとは？

調べたことや伝えたい内容をまとめた作品を掲示し，聞き手が自分の前に立つたびに説明・発表を行う表現形式です。「参加者の興味関心を引き，発表者と聞き手の距離が近く交流しやすい」「多様な内容の学習の交流が手軽にできる」「大人数を消化できるために時間の制約が少ないので，話し合いを深めやすい」―こうした特長があります。

進め方

⑴調べたことや伝えたい内容を４つ切り大の画用紙（ポスター）にまとめる。

⑵発表者（10名ほど）が教室の壁に沿い，中央に向かって立つ。

⑶発表者は見本市のように，聞き手が自分の前に立つたびに説明・発表を行う。聞き手は感想や気づいたことを付せんに書き込んで発表者に渡して移動。

⑷程なく発表者が交代する。これを４回繰り返すと全員が発表できる。

ポイント

発表者は聞き手からもらった付せんを同じような項目でまとめると，発表の良さや課題がはっきりします。話すことが苦手な子でも付せんを書いて渡すことで，発表者とのコミュニケーションが成立します。

実践事例

日本人は何を食べてきたのか
６年生社会科「日本の歴史」

食の視点から歴史を概観することで，歴史事象に関心を持たせるとともに，歴史を学ぶ意欲を高めることを目標に，６年生の社会科で５時間ほど取り上げてみました。実践に当たっては，『日本FOOD紀』（古田ゆかり 著，服部幸應 監修，ダイヤモンド社）をもとにしました。

１時間目：自分たちの担当テーマを決める

①『日本FOOD紀』からいくつかのクイズを出題する。

②旧石器時代，縄文時代，弥生時代と時代の流れを確認し，見開き１ページの内容をポスターにまとめることを話す。

③希望の箇所に名乗りを上げて，くじで担当を決める。くじを引く前に「鎌倉時代におにぎりの始まりがあるよ」「安土桃山時代はポルトガルとの貿易でお菓子が伝わったんだ」というように各時代の特徴にも触れておく。

２時間目：テーマを決める

①自分の担当するページを読み込む。担当する時代の食べ物の特徴が表れている事柄を一つ選んで，それを中心にまとめることを説明。

②言葉の意味を調べてノートに下書きをする（全体のレイアウトを考える・要点を短く表現する・絵やイラストを入れる）。

３時間目：ポスターを仕上げる

①ノートの下書きをもとに４つ切り大の画用紙に清書する。

②発表の練習をする。書き言葉と話し言葉

をしっかりと分けて発表練習をする。書いてあることをそのまま読まないように，と指示をする。

4時間目：ポスターセッション

①ポスターセッションの進め方を確認する。
・全体を半分に分けて発表と聞き役になる。
・10分の発表時間内に繰り返し話す。
・聞き役は1人で聞きに行く。
・相手の目を見て話す。
②ポスターセッションをする。
③付せんに書いたコメントを貼る。1人2枚の付せんを使い，1枚は出席番号の次の人のポスターの感想（全員が1枚の感想をもらえるように），1枚は面白かったポスターに感想を書いて貼る。

5時間目：学習の振り返り

①ワークシートに記録する。「ポスターセッションの感想」「新しい疑問」の観点で振り返る。
②発表の方法について振り返り，立ち位置や指示の方法，聞き役に問い掛ける話し方の工夫について指導する。
③新しい疑問について話し合う。ワークシートをもとにもっと調べてみたいことや次の学習に取り上げたいことを話し合う。
・平安貴族がメタボリックシンドロームだったのはなぜだろうか。
・学校給食の歴史を詳しく知りたい。

▶聞き手は付せんで感想を送る▼ポスターセッションをしている様子

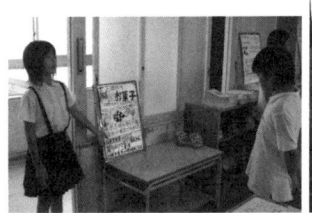

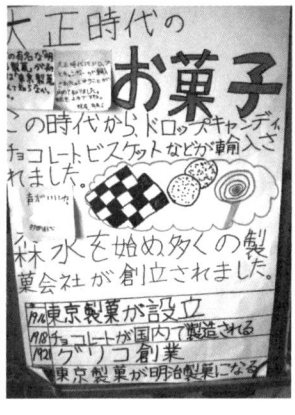

・外国からやってきた食べ物のことをもっと調べたい。
・それぞれの時代のお菓子や食べ物を作ってみたい。　　　　　　　　　　　　　など

[子どもの感想]

○どんなことを発表するのか，はじめは苦労しました。内容は社会科で，発表は国語の勉強でした。社会科も勉強できたし，国語も反省できたのでよかったです。
○今のおにぎりは三角形だけど，○○君の話を聞いていると，ごろごろしている石のようなものがおにぎりで，合戦では便利だったそうです。一番はじめのおにぎりっていつごろできたんだろうかと思いました。
○平安貴族は今と違って食事の回数が少なかったのに，今で言うメタボなんてビックリしました。なぜメタボなんだろうかと思いました。

---

column

画用紙

ワークショップの道具箱

　画用紙は，図画工作の学習でも子どもたちになじみがあり，また安価な点からも子どもたちが調べたことや学んだことをまとめるには最適です。4つ切り大の大きな画用紙を使用します。強調する箇所の文字の大きさや色に注意させて書かせます。読みにくくなるので文字に黄色系統は使わないことも大切です。

Workshop 36

コンテスト

コンテストとは？

6年生 家庭科 長期

コンテスト形式を取り入れることで目標が生まれ，学習意欲が高まります。主体的な活動になるだけでなく，コンテストのための表現物を作成したり，プレゼンテーションの機会があったりと，子どもたちの自信につながる機会もあります。

進め方

(1) コンテストを開くことを発表する。いつ（コンテストまでに仕上げるもの），どこで（コンテスト会場），誰が（審査員は誰か），何を（何をコンテストで競い合うか），どのように（発表形式や評価方法など）を説明する。
(2) コンテスト本番に向けて，グループでプランやアイデアを模造紙などにまとめる。審査員に説明する発表練習も行う。
(3) 審査員の前で発表する。子どもたちも審査員になり，審査する。

ポイント

コンテストはあくまでも子どもたちの意欲を高める手立てです。コンテスト本番までに，どのグループ（または個人）も，ある水準を超えられるように指導することが大切です。もちろん，子どもたちとの了解の中で，得点化したり審査員に選定してもらったりしてクラスの代表を決めていくこともできます。

いずれにしても，コンテストという過程を通じて，子どもたち同士の学び合いを深め，専門家からのよりよい助言を引き出すようにしましょう。

実践事例

至高の朝食
6年生家庭科「調理の工夫」

朝食にふさわしい献立を競い合うコンテストを開きます。学校栄養職員に献立作成の手順や条件を指導してもらいながらコンテストで競い合います。6年生の家庭科の実践です。

(1) 献立の立て方を学ぶ

朝食にふさわしい食事とはどんなものか問い掛けます。「短時間でできること」や「片付けが簡単なこと」が朝の慌ただしい時間では大切になることを確認します。また「栄養バランス」を考えた食事にすることも大切であることを話し，栄養職員の先生に登場してもらいます。栄養職員の先生からは，献立作成の手順を説明してもらいます。「主食を決める」「主なおかずを決める」「その他のおかずを決める」「汁物・果物などを

学校栄養職員の先生から献立の立て方を指導してもらう

決める」「献立の条件に合っているか見直す」の順に進めるという基本の手順が理解できました。子どもたちは自分の立てた献立を発表して栄養職員の先生から条件をクリアしているか指導を受けました。こうして基本的な献立の立て方を学んだ子どもたちは自分たちだけで考えた朝食のメニュー作りに挑みました。

（2）コンテストを開こう

コンテストでは，子どもたちも審査しますが，特別審査委員として学校栄養職員（専門家として），調理員（若いお母さんの立場から），校長（ベテランのお母さんの経験を生かして）の3名を選定しました。審査のポイントは「栄養のバランス」「短時間で作れる」「片付けが簡単」「セールスポイント」の4項目。

それぞれのグループからのプレゼンの後に特別審査委員からのコメントがあります。「地域の産物を取り入れ，家庭でも作りやすいメニューを考えた点が素晴らしい」「タイムスケジュールが考えられており朝の時間では大切」「大豆がよくとれていて感心」など，よい評価をもらいました。

一方で，「一つの献立で同じ材料が重ならないほうがいい」「栄養たっぷりだが時間が心配」など改善点のアドバイスをもらいました。コンテストの結果，どの班も基準をクリアしたので，コンテストで発表した献立をもとに調理実習をすることができました。「コンテストは勉強になりましたか？」という問いに対する子どもの答えを紹介します。

○はい。どんなものがてばやくできるかがわかった。野菜はゆでたり，いためたりしたらたくさん食べることができることやホウレンソウはゆでたりするとちぢむが栄養は変わらないとは知らなかった。

○赤，黄，緑の食材を組み合わせてバランスをとること，色のうすい野菜はたくさんとっているけど，こい野菜はとれていないことがわかったのでこれからはもっとバランスよくしたい。

▲自分たちの考えた献立を発表
◀審査員からアドバイスをもらう

ワークショップの道具箱

模造紙

掲示物の作成や自由研究の発表などに用いられる，大判の用紙。市販品の多くは，788×1,091㎜のサイズです。白色のほか，黄色，緑色，水色などに薄く着色されたものがあり，方眼が印刷されたものが使いやすくていいでしょう。書き方は，短い文を大きく目立つように書くことが大切です。図表もそれを指し示して解説を加える必要があるような大切なものを，大きくのせます。

column

「ワークショップの道具箱」さくいん

ワークショップを取り入れた授業実践で便利なモノやコト
指導者の「行動」を紹介しているミニコラム

児童が使うモノ

色鉛筆	27
クリップボード	35
チラシ	37
1/10000の地図	47
ワークシート	49
教科書	67
8色のペン	81
ホワイトボード	83
付せん	85
黒板	87
リーフレット＆パンフレット	89
画用紙	91
模造紙	93

実践で使うコト

展示	41
掲示	51
農業	53
グループ	57
ネットワーク	63

指導者が使うモノ

児童書	23
デジカメ	29
キッチンタイマー	31
はがせるテープ	33
ラミネート加工	39
書画カメラ	43
板書	45
インターネット	69
グラフ	71
メニュー	73
資料	75

指導者の行動

指示	25
予備実験	55
説明	59
語り	61
発問	65
勇気の出る言葉	77
教師の立ち位置	79

参考文献

『農を遊ぶ―田畑・森・牧場を楽しむアクティビティ72』のらり会 編、稲垣栄洋 著、晩成書房
『日本FOOD紀』服部幸應 監修、古田ゆかり 著、ダイヤモンド社
『学びを深める食育ハンドブック』奈須正裕・藤本勇二 共編著、学研
『かしこくいただきます。～食の省エネBOOK』財団法人 省エネルギーセンター
こんぶネット（社団法人 日本昆布協会）
　「昆布の歴史」http://www.kombu.or.jp/power/history.html
オタフクソース株式会社ホームページ
　「世界のお好み焼き」http://www.otafuku.co.jp/laboratory/culture/eastwest/index.html

※本書は月刊『学校給食』2009年4月号～2012年3月号連載分を再構成しまとめたものです。

おわりに

　授業は、教える内容を教師が全部伝えてしまっては成り立ちません。伝えたい、教えたい、この思いがあまりに先行してしまうと、教師の活動が中心になり、子どもの活動は少なくなってしまいます。それでは子どもが学ぶ「伸びしろ」がなくなってしまいます。とりわけ食の授業は、生活を変えていくところにたどり着きたいですから、子どもが自ら学ぶようにしたいもの。教師が教える内容を8割程度にとどめ、残り2割は子どもが見つけ出すようにします。そうした授業を構成するために、子どもの活動を大切にする必要があります。子どもたちにとっての一番の関心事は、活動することです。活動することで「もっと○○したい」「どうして○○なのだろうか」と願いや疑問が浮かんできます。そこに教師の説明が入ると、子どもたちは、はじめて「わかる」のです。こうしてわかったことは子どもの力として根付きます。ですから、しっかりとした学びができるのです。

　子どもの活動には、一人ひとりの異なる経験や興味が隠れています。これこそが授業を展開する原動力となります。こうした経験や興味を引き出す工夫や手立て、それを私はワークショップの手法に求めました。ワークショップでつくる食の授業を受けた子どもたちは、納得することを大切にします。調べてみる、実際にやってみる、専門家に聞いてみる、そうした活動を通じ納得することで学んでいくのです。食の授業だけでなく、算数や理科など、どの授業でも問いを持ち、問題を解決する主体的な学びができるようになります。

　本書では、食を教材としてさまざまな教科や学年で活用できるワークショップのアイデアを紹介しています。取り上げている事例をそのまま教室で再現してみてください。そこからワークショップの手法のよさが出てきます。この手法は、違う教科のあの内容で使えるかもしれない、この手法はもっと下の学年でもやれそうだ、そうした気づきが生まれてきます。本書では、「あそび」「つくる」「調べる」「比べる」「気づく」「まとめる」の6つの視点からワークショップの手法を整理してみました。6つの視点を参考にして、日ごろの授業実践の中からワークショップの手法を見つけることができると思います。ワークショップの手法を意識することで授業がよくなるのです。さらに、新たな手法を見つけることができることも期待できます

　それぞれのアイデアには「ワークショップの道具箱」の記事を添えてあります。どの教科、どの学年でも使える内容です。この道具箱の内容を取り入れることで、授業がよくなります。ワークショップに限らずよりよい授業のためのツールとして活用ください。

　最後になりましたが、本書は、月刊「学校給食」の連載がもとになっています。連載の機会を与えていただくとともに、「食」で授業を豊かにすることが、子どもの育ちを支えていくことになる、そうした示唆をいただいた月刊「学校給食」編集長の細井壯一様に感謝を申し上げます。

著者

著者プロフィール

藤本勇二（ふじもと・ゆうじ）

武庫川女子大学短期大学部幼児教育学科 准教授。
徳島県内公立小学校教員を経て現職。専門は児童中心主義の教育方法（生活科、総合的学習、SDGs）。日本食育学会、日本環境教育学会、日本生活科・総合的な学習教育学会会員。「食と農の応援団」団員。文部科学省今後の学校における食育の在り方に関する有識者会議委員。文部科学省スーパー食育スクール事業選定委員会委員。文部科学省小学生用食育教材「たのしい食事つながる食育」作成委員。農林水産省「和食」と地域食文化継承推進委託事業（和食文化継承の人材育成等事業）に係る検討委員会委員。
主な著書：『入門・食育実践集』（全国学校給食協会）、『子どものくらしを支える教師と子どもの関係づくり』（ぎょうせい）ほか。2020年現在、月刊「学校給食」にて「拝見！食の授業」を執筆中。

装　　丁　引間俊之
イラスト　藤井美代子
構成・編集　奥山芽衣・望月章子

ワークショップでつくる
食の授業 アイデア集

2012年8月8日発行
2020年4月1日第2刷

著　者　藤本勇二
発行者　細井壮一
発行所　全国学校給食協会
〒102-0074　東京都千代田区九段南2-5-10 九段鶴屋ビル1F
https://www.school-lunch.co.jp
TEL 03-3262-0814　FAX 03-3262-0717
振替 00140-8-60732

印　刷　株式会社　技秀堂

落丁本・乱丁本はお取り替えします。
©Yuji Fujimoto 2020 Printed in Japan
ISBN978-4-88132-062-4

JCOPY ＜出版者著作権管理機構 委託出版物＞
本書の無断複写は著作権法上での例外を除き禁じられています。複写される場合は、そのつど事前に、出版者著作権管理機構（TEL03-5244-5088,FAX03-5244-5089,E-mail:info@jcopy.or.jp）の許諾を得てください。但し、本書をお買い上げいただいた個人、もしくは法人が、営利目的以外の配布物等にお使いいただく場合は連絡不要です。